불교신행공덕

머리말

불교는 부처님의 가르침이다. 신행(信行)이란 믿음(信)과 실천(行)을 말하는데, 믿음에 역점을 둔 신앙(信仰)과 실천에 역점을 둔 수행(修行)이라는 두 단어를 함축한 말이다. 불교와 신행의 합성어인 불교신행이란 부처님의 가르침을 믿고 실천한다는 뜻이다. 여기에 다시 공덕(功德)이라는 단어를 보탠 '불교신행공덕'이란 부처님의 가르침을 믿고 실천함으로써 얻어지는 과보(果報)를 뜻한다. 그러므로 이 불교신행공덕은 불교도들이 추구하는 궁극적 목표라고 할 수 있다. 불교의 궁극적 목표가 무엇인지 알고 신행하는 것과 모르고 신행하는 것은 전혀 다른 결과를 초래한다.

불교를 신행하면 어떠한 공덕을 얻을 수 있는가. 이 책은 여행의 필수품인 지도와 나침반과 같은 역할을 담당하고자 기획된 것이다. 길을 떠나기 전에 미리 도달해야 할 목적지가 어디인가를 확인하기 위함이다. 특히 현대인들은 맹목적인 믿음을 갖기보다는 자신의 믿음과 실천에 대한 확실한 근거와 그것을 실천했을 때 얻어지는 결과를 사전에 확인하고 싶어 한다. 이러한 기대에 부응하기 위해 일반적으로 불교도들이 실천하고 있는 여러 가지 신행 공덕에 대하여 살펴보았다.

따라서 이 책은 아직 발심(發心)을 하지 못한 비신자에게는 불법의 바다에 들어가는 입문서가 될 것이며, 이미 불법을 만난 불교도들에게는 자신의 신행에 대한 증거가 됨은 물론 불퇴전(不退轉)의 신심을 불어 넣어주는 촉매제가 될 것이다.

그런데 불교에는 그 목적지에 도달하는 방법이 수없이 많다. 이를테면 지방에서 서울로 가는 방법에는 다양한 교통수단이 있는 것과 같다. 이처럼 목적지에 도달하는 방법들이 많기 때문에 오히려 혼란을 가중시키고 있는 측면도 없지 않다. 가장 중요한 것은 수많은 길 가운데 현재의 자기 위치와 자신이 처한 상황에 따라 가장 적합한 길을 선택해야만 한다.

그것은 순전히 자신의 몫이다. 목적지에 도달하는 방법에는 쉬운 길도 있고, 어려운 길도 있다. 똑같은 길일지라도 어떤 사람에게는 쉬운 길이 될 수가 있고, 어떤 사람에게는 어려운 길이 될 수도 있다. 한 가지 방법이 모든 사람들에게 똑같이 적용되는 것은 아니다. 이것은 중생들의 근기(根機)와 업(業)이 각기 다르기 때문이다. 불교에서는 어느 한 수행법이야말로 모든 사람에게 적용되는 절대적인 것이라고 주장하지 않는다. 그래서 여기서는 그 수많은 신행 방법 가운데 일부를 아무런 편견 없이 그대로 소개했다.

한편 여기에서 다루는 공덕에 관한 글들은 솔직히 말해서 불교의 방편문(方便門)이다. 그렇기 때문에 이미 이 언덕[此岸]에서 저 언덕[彼岸]으로 건너간 사람에게는 전혀 필요 없는 것일 수도 있다. 다시 말해서 이 불교신행공덕은 뗏목에 비유할 수 있다. 뗏목은 강을 건너기 위한 수단이라는 것은 주지의 사실이다. 하지만 강을 건너간 사람보다 아직 건너지 못한 사람들이 더 많기 때문에 이러한 방편문이 필요하게 되는 것인지도 모른다.

공덕에 관한 내용 가운데에는 현세의 이익뿐만 아니라 우리의 상상을 초월하는 엄청난 공덕이 있다고 서술되어 있는 부분도 있다. 도저히 믿을 수 없는 일이라고 생각할지 모른다. 이러한 의심이 생기는 것은 어찌 보면 당연하다고 할 수도 있다. 왜냐하면 아직 한 번도 저 언덕에 가보지 못했기 때문이다. 마치 땅을 구경하고 돌아온 거북이가 물고기에게 육지에 올라가면 온갖 꽃들과 새들이 즐겁게 노래하는 동산이 있다고 일러주어도 물고기는 그 육지를 이해할 수 없는 것과 같다.

또한 공덕의 내용 상호간에 모순되는 것처럼 보이는 대목도 있다. 이것은 그 하나하나의 공덕이 뛰어나다는 것을 강조하기 위한 것일 뿐, 결코 모순되는 것은 아니다. 왜냐하면 모든 공덕의 궁극적 목적은 동일하기 때문이다.

이 책에서는 강을 건너는 구체적인 방법에 대해서는 자세히 언급하지 않았다. 다만 강을 건너야겠다는 마음을 일으키도록 하는 데 그 목적을 두고 있다. 그래야만 비로소 강을 건너기 위한 방법을 모색하게 되기 때문이다. 이러한 목적에서 쓰여진 것이기 때문에 불교에 대한 문외한인 초심자라도 누구나 쉽게 읽을 수 있도록 가능한 한 풀어쓰려고 노력했다. 그리고 이 방면에 대한 연구자와 독자들에게 신뢰를 심어주기 위해 필요하다고 생각되는 부분은 그 원문과 출처 등을 밝혀놓았다.

이 책의 내용 일부는 지난 2001년 1월부터 2002년 12월까지 2년간 월간 「불광」지에 연재되었던 것이다. 끝으로 이 책이 세상에 나올 수 있도록 배려해 주신 불광출판부 남동화 편집국장을 비롯한 관계자 분들께 감사드리며, 아울러 이 책을 만나는 모든 사람들의 신심이 더욱 돈독해지기를 바라는 마음 간절하다.

2003년 12월 15일
마산 가야사에서
마성 씀

차례

신행과 공덕의 의미

신행의 의미

대승불교에서는 실천 수행의 단계를 네 가지로 분류하여 설명하고 있다. 이른바 신(信)·해(解)·행(行)·증(證)이 그것이다. 신(信)은 부처님의 가르침을 의심 없이 믿는 것이다. 해(解)는 자신이 믿고 있는 가르침은 어떠한 체계를 가지고 있는 것인지 정확히 이해하는 것이다. 행(行)은 믿고 이해한 것을 일상생활 속에서 구체적인 삶의 형태로 실천하는 것이다. 증(證)은 불교의 궁극적인 목적을 깨달아 증득(證得)하는 것이다.

이 네 가지 단계 중에서 믿음(信)과 이해(解)의 관계는 초기불교와 대승불교의 입장이 서로 다르다. 초기불교는 맹목적인 믿음보다는 지혜를 통한 이해를 중요시하고, 대승불교는 이해보다 믿음이 우선되어야 한다고 강조한다.

예로부터 인도의 종교가나 사상가들은 세 가지 범주로 종교나 사상을 분류했다. 첫째는 '의례의 도'이다. 희생이나 예배 또는 고행 등으로 성립되는 종교를 가리킨다. 둘째는 '지혜의 도'이다. 종교의 지적 부분 내지 지식을 중심으로 성립하는 종교를 말한다. 셋째는 '신앙의 도'이다. 절대귀의의 신앙을 중심으로 하는 종교를 가리킨다.[1] 이 세 가지 가운데 초기불교는 '지혜의 도'에 해당되며, 후기의 대승불교는 '신앙의 도'에 해당된다. 이와 같이 초기불교와 대승불교는 그 출발점이 서로 다르다.

초기불교는 처음부터 신앙이나 믿음이 아닌 보고·알고 이해함을 강조하고 있다. 불교의 경전에는 일반적으로 '신앙' 혹은 '믿음'으로 번역되는 '삿다(saddhā, Skt. śraddhā)'라는 낱말이 있다. 하지만 삿다(saddhā)는 맹목적인 '신앙'이기보다는 오히려 신념에서 나온 '확신'에 가깝다.[2]

초기불교에서는 언제나 앎과 봄의 문제이지, 믿음의 문제가 아니다. 부처님의 가르침은 '와서 보라(ehi-passika)'라고 당신을 초대하는 것이지, '와서 믿어라'고 하는 것은 아니다.

진리를 깨달은 사람에 관해 언급한 불교 경전의 도처에서 사용된 표현법은 "티끌 없고 더러움이 없는 진리의 눈(法眼, Dhamma-cakkhu)을 떴다. 그는 진리를 보았고, 진리에 도달했고, 진리를 알았고, 진리를 파악했으며, 의혹을 건너서 흔들림이 없다."[3] 이와 같이 올바른 지혜로 진리를 있는 그대로 본

---

1) 마스다니 후미오 지음·박경준 옮김, 『근본불교와 대승불교』(서울: 대원정사, 1987), pp.55~56.

2) Walpola Rahula, *What the Buddha taught* (London & Bedford: Gordon Fraser, 1959), p.8.

3) *Saṁyutta-nikāya*(PTS), Vol. V, p. 423; S. III, p.103; *Majjhima-nikāya*(PTS), Vol. III, p.19.

다."[3] 깨달음은 언제나 지식 혹은 지혜(ñāṇa-dassana)를 통해 보는 것이지, 신앙을 통한 믿음이 아니다.[4]

이와 같이 초기불교에서는 한결같이 믿음보다는 지혜를 통한 이해를 강조하고 있다. 초기불교가 이러한 성향을 띄게 된 것은 '개인의 도'와 '지혜의 도'에 초점을 맞추었기 때문이다. 반면 대승불교는 '대중의 도'와 '신앙의 도'에 초점을 맞추고 있기 때문에 다소 맹목적인 믿음으로 보이기까지 하는 신앙에 토대를 두고 있다.

마스다니 후미오(增谷文雄)에 의하면, '지혜의 도'에서 출발한 초기불교가 짊어지고 있던 최대의 제한 또는 모순은 그것이 '소수인의 도'라는 데 있었다. 즉 "이 가르침은 슬기로운 자(智者)에게 맞는 것이며, 어리석은 자(愚者)에게는 맞지 않는 것이다." 그래서 대승불교에서는 개인의 도가 아니라 대중의 도이어야 한다는 것이었다. 불교는 자기형성에 전념하는 '소수의 도'이어서는 안 되며, 그것은 모든 사람이 갈 수 있는 '광대한 도', 혹은 대중과 더불어 탈 수 있는 '큰 수레'(大乘)가 아니면 안 된다는 것이었다.[5] 결국 대승불교는 '대중의 도'에 초점을 맞추지 않을 수 없었다.

이러한 대승불교도의 입장에 대해서 에드워드 콘즈(Edward Conze, 1904~1979)는 다음과 같이 말했다. "재가신도는 지혜를

4) W. Rahula, op.cit., p.9.
5) 마스다니 후미오, 앞의 책, p.100.

얻지 못하기 때문에 '믿음'을 가져야 한다. 초월적 지혜의 방법에 귀의(Bhakti)의 방법을 보충해 주어야 한다. 나가르주나(Nāgārjuna, 龍樹)는 어렵고 힘든 '지혜'의 방법과 쉬운 '믿음'의 방법을 구별했다. 그 둘은 모두 같은 목적지로 이끌어간다. 그것은 마치 바다로 가든, 육지로 가든 동일한 마을을 여행할 수 있는 것과 같다. 어떤 사람들은 활기차고 엄정한, 명상을 필요로 하는 방법을 선호한다. 어떤 사람들은 귀의라는 도움 수단〔방편〕을 손쉽게 행함으로써, 즉 부처님의 이름〔佛名號〕을 부르면서 부처님를 생각함으로써 '물러서지 않는 자리〔不退轉位〕', 즉 완전한 깨달음에 이르리라는 확신을 갖고 그 깨달음을 향해 나아가는 지위에 곧바로 다가설 수 있다."[6]

초기불교에서는 믿음이 부차적인 덕이었지만 대승불교에서는 지혜와 동등한 위치를 차지하게 되었다. 믿음의 구제력은 옛 학파들이 추정했던 것보다 훨씬 강해졌다. 인류가 점점 타락해가고 있다는 것을 인식해야만 했다. 자기훈련과 활력이 필요한 '지혜라는 힘든 방법'은, 대다수는 아니더라도 승려들 일부를 포함해서 많은 사람들에게 적당치 않았다. 이러한 여건에서, 손쉬운 믿음의 방법은 사람들에게 남아 있는 유일한 길이었다.[7]

이러한 과정을 거쳐 대승불교에서는 믿음이 지혜와 자비의

---

6) Edward Conze, *Buddhism: its Essence and Development* (New Delhi: Munshiram Manoharlal, 1994), p.144.
7) Ibid., p.145.

실천에 있어서 불가결한 제일의 덕목이 된다. 특히 『화엄경
(華嚴經)』에 이르면 믿음의 중요성은 극치를 이룬다. 그 대표
적인 예가 80권 『화엄경』의 「현수품(賢首品)」에 나오는 다음의
게송(偈頌)이다.

믿음은 도(道)의 근원이요, 공덕의 어머니라.
일체의 모든 착한 법(善法)을 길러내고,
의심의 그물을 끊어 제거하고, 애욕에서 뛰어나며,
열반의 무상대도(無上大道)를 열어 보인다.[8]

초기경전에서도 믿음에 관해 언급한 대목을 찾을 수 있다.
『숫따니빠따(Suttanipāta, 經集)』에 나오는 다음의 게송은 그 대
표적인 예다.

이 세상에서는 믿음이 으뜸가는 재산이다. 〈제182게〉
사람은 무엇으로 (생사의) 거센 흐름을 건넙니까?
무엇으로 바다를 건너며,
무엇으로 고통을 극복합니까?
그리고 무엇으로 완전히 청정해질 수 있습니까? 〈제183게〉
사람은 신앙으로써 거센 흐름을 건너고,
정진으로써 바다를 건넌다.

---

8) "信爲道元功德母 長養一切諸善法 斷除疑網出愛流 開示涅槃無上道." 〔大正藏 10권, p.72中.〕

근면으로써 고통을 극복할 수 있고,

지혜로써 완전히 청정해진다. 〈제184게〉

위 게송에서도 알 수 있듯이, 초기불교도에게 있어 신앙의 의미는 단순한 '믿음'이 아니라 지혜의 증장에 필요한 덕목이며, 마음의 청정을 증득하는 기본 전제로서의 기능이었다. 하지만 나중에는 '절대 확실한 신앙'이라는 사불괴정(四不壞淨)으로 확립된다. 불괴정(不壞淨, aveccappasāda)이란 불(佛)·법(法)·승(僧)·계(戒)에 대한 확실한 믿음을 말한다. 이것이 갖추어질 때 비로소 불교적인 세계관·인생관에 투철하여 의심하지 않게 된다. 이것은 사제(四諦)의 도리를 이론적으로 완전히 이해한 것과 같다. 그러므로 사제관(四諦觀)이 확립된 자를 최하위의 성자9)라고 한 것과 같이 사불괴정을 얻은 자도 최하위의 성자로 인정된다.10)

그러나 대승불교에서 말하는 믿음은 '누구나 부처가 될 수 있다는 확신'을 의미한다. 대승불교는 '인간의 심성이 본래 청정하다(心性本淨)'는 전제에서 출발하였다. 일체 중생이 본래 갖추고 있는 이 깨끗한 마음을 '일체중생 실유불성(一切衆生 悉有佛性)' 혹은 '여래장심(如來藏心)'이라고 표현하기도 한

---

9) 최하위의 성자란 사과(四果) 가운데 첫 번째 지위인 예류과(預流果, sota-āpanna)를 성취한 사람을 말한다. 예류과는 수다원과(須陀洹果)라고도 하는데, 성자의 흐름에 막 들어가는 지위이다. 일곱 번 인간과 천상에 윤회하면 마침내 열반을 얻는다고 한다.

10) 水野弘元, 『原始佛教』(京都: 平樂寺書店, 1956), pp.209~211.

다. 이와 같이 일체 중생은 누구나 깨끗한 마음인 보리를 지니고 있기 때문에 본질적으로 부처와 아무런 차별이 없다는 것이다. 이러한 사실을 확고히 믿고 이해하여 행동으로 실증해 나가는 것이 대승불교 신행의 요체인 것이다. 즉 대승불교의 신행은 신(信) · 해(解) · 행(行) · 증(證)의 순서로 이루어져 있다. 이 가운데 가장 중요한 것이 '부처가 될 수 있다[成佛]'는 확고한 믿음이다. 이러한 마음을 일으키는 것을 발심(發心) 혹은 발보리심(發菩提心)이라고 부른다. 이 발보리심을 계기로 최후에는 깨달음을 얻게 된다는 것이다.[11]

지금까지 살펴본 믿음과 이해의 관계에 대하여 고려시대의 보조국사(普照國師) 지눌(知訥, 1158~1210) 스님은 그의 저서 『진심직설(眞心直說)』에서 이렇게 말했다. "믿음은 있으나 올바른 이해가 없으면 무명(無明)만 증장(增長)하고, 이해는 있으나 참다운 믿음이 없으면 삿된 견해만 증장한다. 그러므로 알라. 믿음과 이해가 서로 겸해야만 도(道)에 들어감을 빨리 얻는다."[12]라고 했다. 믿음과 이해의 관계에 대해 이보다 더 명쾌하게 설명한 것은 찾아보기 어렵다.

이와 같이 믿음과 이해를 동시에 갖추어야 한다고 강조하는 까닭은 무엇인가. 결국 올바른 실천으로 이끌기 위해서다.

---

11) 졸고, 「상좌불교와 대승불교의 실천적 특성 비교」, 『석림』(서울: 동국대학교 석림회, 2002), 제36집, p.81 참조.
12) "信而不解 增長無明 解而不信 增長邪見 故知 信解相兼 得入道疾." 普照思想研究院編, 『普照全書』(昇州: 佛日出版社, 1989), p.49.

또한 옛 사람들의 가르침에 의하면, "믿음은 있으되 실천이 없으면 마치 눈은 있는데 다리가 없는 것과 같고, 실천은 있으되 믿음이 없으면 마치 다리는 있는데 눈이 없는 것과 같다. 믿음과 실천이 둘 다 온전하면 마치 밝은 눈과 건강한 다리와 같아서 능히 천리를 갈 수 있다."[13]라고 했다.

이러한 이유 때문에 불교에서 실천을 강조하는 것이다. 『법구경(法句經)』 「대구(對句)의 장(章)」에 다음과 같은 내용이 있다.

비록 많은 경전을 독송할지라도, 게을러 수행하지 않으면, 마치 남의 목장의 소를 세는 목동과 같나니, 수행자로서의 아무런 이익이 없다. 〈제19게〉

비록 경을 적게 독송할지라도 법을 잘 수행하여 번뇌가 더 이상 자라지 않아 현재와 미래에 집착이 없어지면 이것이야말로 수행자의 참된 이익이다. 그는 그것을 다른 이들과 나눈다. 〈제20게〉

사실 부처님의 가르침이 아무리 훌륭하더라도 스스로 실천하여 얻는 바가 없다면 아무런 소용이 없다. 마치 종일토록 남의 돈을 세는 것과 같이 자신의 이익이 되지 못한다. 불교에서 일관되게 실천을 강조하는 까닭이 바로 여기에 있다. 부처님의 가르침은 오직 자신의 실천을 통해 스스로 열반을 증

---

13) "信而不行如有眼無脚, 行而無信如有脚無眼, 信行雙全如明眼健脚, 能行千里."

득할 때 비로소 그 가치가 드러나는 것이다.

부처님의 열 가지 명호〔如來十號〕 가운데 명행족(明行足, vijjācaraṇasampanna)이라는 이름이 있다. 팔리어 윗짜(vijjā)는 지혜〔明〕이고, 짜라나(caraṇa)는 실천〔行〕이며, 삼빤나(sampanna)는 갖춤〔具足〕이라는 뜻이다. 그러므로 명행족은 지혜와 실천을 겸비한 분, 즉 앎과 실천을 두루 갖춘 분이라는 말이다. 부처님은 언제나 언행(言行)이 일치했다. 그러므로 지혜의 눈과 실천하는 발〔智目行足〕을 갖추었을 때, 비로소 진정한 의미의 불교도가 되며, 크나큰 공덕을 성취하게 되는 것이다.

공덕의 의미

공덕(功德)이라는 단어는 불교인들이 매우 많이 쓰는 용어다. 그러면서도 각자 다른 의미로 사용하기 때문에 그 정확한 의미를 파악하기 어렵다. 사전에서도 여러 가지 뜻으로 해석되고 있다. 『망월불교대사전(望月佛教大辭典)』에 의하면, 공덕은 산스끄리뜨(범어) 구나(guṇa, 求那)의 번역어다. 이 말은 공능덕복(功能德福)의 뜻이라고 한다. 혜원(慧遠)의 『유마의기(維摩義記)』 제1에, "공덕은 복덕이라고 부르는데, 복은 복리(福利)를 일컫는다. 선(善)을 행함에 도움을 주어 윤택케 하고, 행하는 사람을 복리케 하는 까닭에 복이라고 한다. 이것은 그 선행인(善行人)의 덕이기 때문에 복덕이라고 이름 붙였다. 맑고 차운 것이 물의 덕인 것과 마찬가지다. 공(功)은 공능(功能)을 일컫는다. 선은 도움을 주고 이롭게 하는 공이 있기 때

17

문에 공이라고 한다. 다시 말해서 선행인의 덕이 이루어졌기 때문에 공덕이라 이름 붙였다."라고 했다.

또한 길장(吉藏)의 『인왕반야경소(仁王般若經疏)』권상(卷上) 1에, "공덕이란 공을 베푸는 것을 공이라 하고, 자기에게 돌아오는 것을 덕이라 한다. 또한 공은 잊어버리되, 덕은 유지되기 때문에 공덕이라고 한다."라고 했다.

담란은 『왕생론주(往生論註)』권상에서 공덕을 허위(虛僞)와 진실(眞實)의 두 가지 종류로 구별하였다. 그의 해석을 요약하면, 유루심(有漏心)에서 나온 것은 허위이기 때문에 부실(不實)의 공덕이며, 보살의 지혜청정심(智慧淸淨心)에서 나온 것이야말로 진실(眞實)의 공덕이라는 것이다.

이러한 이유 때문에 달마대사는 양무제(梁武帝)에게 '공덕이 없다[無功德]'라고 했던 것이다. 달마대사는 유루(有漏)의 인(因)은 현상에 따라 일어나므로 실다움이 아니기 때문에 참다운 공덕[眞功德]이 아니라고 했다. 참다운 공덕은 '정지묘원(淨智妙圓) 체자공적(體自空寂)'이어야 한다고 했다. 이것은 바른 지혜로 묘한 이치를 통달하여 자기 스스로가 공적(空寂=열반)을 체득해야 한다는 뜻이다.

이러한 공덕의 깊고 넓음을 바다에 비유하여 공덕해(功德海, guṇa-sāgara), 그 귀중함이 보배와 같다고 해서 공덕보(功德寶, guṇa-ratna)라고도 한다. 그 밖에도 공덕장(功德藏), 공덕취(功德聚), 공덕장엄(功德莊嚴), 공덕전(功德田), 공덕림(功德林)과 같은 공덕을 관사로 사용하는 단어들이 많이 있다.[14]

한편 공덕을 의미하는 팔리어 단어는 뿐냐(puñña)와 아니상사(ānisaṁsa)가 있다. 뿐냐는 '호의를 보이는', '선(善)', '공적(功績)', '공적 있는 행위', '덕'이라는 뜻이다. 아니상사는 '공덕', '이익', '좋은 결과'라는 의미를 가지고 있다. 특히 초기불교에서 공덕이란 단어는 악(惡, pāpa)의 반대 개념으로 사용되기도 하였다. 그리고 일반적으로 선행(善行)의 결과로서 얻어지는 과보를 공덕이라고 지칭하기도 하며, 선과(善果), 복과(福果, puñña-phala), 선근(善根, kusala-mūla) 등도 유사한 의미로 사용되고 있다.

이와 같이 공덕의 정의들은 다양하다. 그런데 담란(曇鸞)의 해석에 의하면 공덕은 유루의 복[有漏福]과 무루의 복[無漏福] 두 가지로 분류할 수 있다. 초기불교에서 생천(生天)의 근거로 삼는 것은 유루복에 해당되고, 수행을 통한 사과(四果)[15]의 증득은 무루복에 해당된다. 그러므로 여러 문헌에 나오는 공덕이 어떤 것인지는 전후 문맥을 통해 파악할 수밖에 없다.

작복(作福)의 방법

공덕과 동의어인 복덕이라는 말이 자주 쓰인다. 그러면 복덕은 어떻게 짓는 것인가. 이제 복덕을 짓는 방법에 대해 언

---

14) 『望月佛敎大辭典』 1권, pp.689下~690上.

15) 사과(四果)란 초기불교의 네 가지 수행 계위(階位)이다. 즉 예류과(預流果, sota-āpanna), 일래과(一來果, sakadagāmī), 불환과(不還果, anāgāmī), 아라한과(阿羅漢果, arahat)를 말한다. 사과를 다른 말로 수다원과(須陀洹果), 사다함과(斯陀含果), 아나함과(阿那含果), 아라한과(阿羅漢果)라고도 한다.

급하지 않을 수 없다. 흔히 한국불교를 기복불교(祈福佛敎)라고 부른다. 한국의 불자들은 대부분 부처님의 가르침에 대한 진정한 이해보다는 어떻게 하면 복을 받을 수 있는가에 오직 관심이 있는 듯하다. 그렇다 보니 복을 비는 기도가 널리 성행하고 있는 실정이다.

그런데 복은 빌어서 얻어지는 것이 아니라는 것을 분명히 알아야만 한다. 복은 지어야만 언젠가 결실로 되돌아오는 것이다. 기복(祈福)은 외부에서 복을 구하는 것이고, 작복(作福)은 내부에서 복을 짓는 것이다. 복을 외부에서 구함으로써 타력적(他力的) 신앙형태로 변질될 염려가 있다. 반면 복을 내부에서 구하는 것은 순수한 자력적(自力的) 신앙형태다.

박복(薄福)한 사람이 횡재(橫財)를 하면 오히려 뜻밖에 얻은 그 재물로 말미암아 더 큰 불행을 자초한다. 노력하지 않고 분수에 맞지 않게 큰복을 바라는 것은 곧 불행의 시작인 것이다. 기복자의 마음속에는 언제나 요행을 바라는 사행심(射倖心)으로 가득 차 있다. 이런 사람은 자연적으로 자신의 노력보다는 요행수를 바라는 경향이 농후하다. 다시 말해서 자신의 노력의 대가로 정당한 부를 축적하려고 하지 않고 언제나 일확천금을 꿈꾼다.

반면 작복자는 어떻게 하면 조금이라도 더 복을 지을 수 있는가를 생각한다. 이런 사람은 오직 근면과 성실한 자세로 자신의 주어진 위치에서 최선을 다한다. 이런 사람은 가령 뜻밖에 횡재를 만났다 할지라도 자신의 노력 없이 얻어진 것이기 때문에 크게 기뻐하지 않는다. 인간으로서 가장 완벽한 복을 짓고 받은 분이 바로 부처님이다.

한때 부처님께서 기원정사에서 아누룻다(Anuruddha, 阿那律)를 위해 복을 지은 일이 있다. 『증일아함경(增一阿含經)』 31권, 제38 「역품(力品)」에 나오는 '복 짓는 사람'의 이야기가 바로 그것이다.[16]

부처님이 기원정사에서 많은 대중을 위해 법을 설하고 계실 때였다. 그 자리에 아누룻다도 있었는데, 그는 설법 도중에 꾸벅꾸벅 졸고 있었다. 이 일로 아누룻다는 부처님으로부터 꾸중을 들었다. 그 후 아누룻다는 밤에도 자지 않고 뜬눈으로 계속 정진하다가 눈병을 얻었다. 그래도 계속 잠을 자지 않고 정진하다가 마침내 앞을 볼 수 없게 되었다. 그러나 애써 정진한 끝에 마음의 눈이 열리게 되었다. 육안을 잃어버린 아누룻다의 일상생활은 말할 수 없이 불편했다.

어느 날 해진 옷을 깁기 위해 바늘귀를 꿰려 하였으나 꿸 수가 없었다. 그는 혼자 말로 "세상에서 복을 지으려는 사람은 나를 위해 바늘귀를 좀 꿰주었으면 좋겠네."라고 하였다.

이때 누군가 그의 손에서 바늘과 실을 받아 해진 옷을 기워준 사람이 있었다. 그 사람이 부처님인 것을 알고 아누룻다는 깜짝 놀랐다.

"아니, 부처님께서는 그 위에 또 무슨 복을 지을 일이 있으

---

16) 大正藏 2권, pp.718下~719中.

십니까?"

"아누룻다, 이 세상에서 복을 지으려는 사람 중에 나보다 더한 사람은 없을 것이다. 왜냐하면 나는 여섯 가지 법에 만족할 줄 모르기 때문이다. 여섯 가지 법이란, 보시와 교훈과 인욕과 설법과 중생 제도와 위없는 바른 도를 구함이다."[17]

아누룻다는 말했다.

"여래의 몸은 진실로 법의 몸인데 다시 더 무슨 법을 구하려 하십니까? 여래께서는 이미 생사의 바다를 건너셨는데 더 지어야 할 복이 어디 있습니까?"

"그렇다. 아누룻다, 네 말과 같다. 중생들이 악의 근본인 몸과 말과 생각의 행을 참으로 안다면 결코 삼악도(三惡道)에는 떨어지지 않을 것이다. 그러나 중생들은 그것을 모르기 때문에 나쁜 길에 떨어진다. 나는 그들을 위해 복을 지어야 한다. 이 세상의 모든 힘 중에서도 복의 힘이 가장 으뜸이니, 그 복의 힘으로 불도를 성취한다. 그러므로 아누룻다, 너도 이 여섯 가지 법을 얻도록 하여라. 비구들은 이와 같이 공부해야 한다."

이 경전에서는 왜 공덕을 지어야만 하는가를 잘 설명해 주고 있다. 이러한 부처님의 취지와는 달리 부파불교 시대의 출가자들은 자신의 구제만을 위해 공덕을 쌓는 경향이 있었다. 하지만 대승불교도들은 이러한 자신만의 구제가 아닌 타인의

---

17) 一者施. 二者教誡. 三者忍. 四者法說義說. 五者將護衆生. 六者求無上正眞之道.

구제를 위해 공덕을 쌓게 되었다. 왜냐하면 대승불교에서는 이타주의가 강조되기 때문이다. 즉 보살의 이타주의는 악인을 멀리 하자는 것이 아니라 그를 바람직한 방향으로 변화시키자는 것이다. 다시 말해서 보살의 공덕은 자신을 위해서 뿐만 아니라 다른 사람들에게 그 공덕을 회향하기 위해서 더욱 정진하는 것이다.

초기불교에서는 공덕을 쌓는 방법으로 세 가지 특성, 즉 보시(布施, dāna), 지계(持戒, sīla), 수행 혹은 명상(bhāvanā)을 들고 있다.[18]

그런데 대승불교의 사상이 발전함에 따라 공덕을 쌓는 방법으로 부처님에 대한 예배가 점점 강조되었다. 예배에 포함되는 것은 부처님의 덕을 찬양하는 것, 그의 아름다움에 경의를 표하는 것, 그에 대한 생각으로 기뻐하는 것, 언젠가 완전한 부처로서 다시 태어나기를 원하는 것, 부처님에게 공양을 바치는 것 등의 행동이다. 이 가운데 맨 마지막 것이 공덕을 얻는 특별한 원천이다. 공양을 바침으로써 얻는 공덕이 크면 클수록, 공양을 받는 사람은 더욱 숭고해진다. 초기시대부터 몇몇 개인들이나 집단들, 특히 성자들이나 승려집단은 이 세상의 더 없는[無上] 복밭[福田][19]으로 간주되었다. 대승에서는 부처님이 점점 최상의 복밭으로 되어갔다.[20]

---

18) T.W. Rhys David & William Stede, *Pali-English Dictionary* (London: The Pali Text Society, 1921), p.464.

이처럼 대승불교에서 공덕을 쌓는 방법들이 점차 체계화되었는데, 이것은 불교의 의식문(儀式文)에 그대로 반영되었다. 대승불교권인 중국·한국·일본의 불교의례 속에는 예배·찬탄·공양·참회·발원·회향 등 구체적인 덕목들이 반드시 포함되었다.

한국불교의 의식문에도 이러한 수행 덕목들이 들어 있다. 그 대표적인 것이 한국의 불교도들이 가장 많이 독송하는 천수경이다. 천수경은 전체의 불교의례에서 보면 삼업(三業)을 깨끗이 하고 도량을 장엄한다는 뜻을 지니고 있다. 즉 대비주(大悲呪)를 독송함으로써 도량을 먼저 청결히 한다는 상징성을 띠고 있다. 하지만 천수경은 이러한 기능보다도 앞에서 말한 대승불교의 여러 가지 공덕을 동시에 실천할 수 있도록 특별히 고안된 불교의례라 할 수 있다. 이것은 천수경의 구조를 살펴보면 단번에 알 수 있다. 왜냐하면 천수경은 다라니를 중심으로 발원·귀의·찬탄·참회·송주 등을 단 한 번의 독송을 통해 얻을 수 있도록 편찬되어 있기 때문이다.

이러한 것들은 대승불교의 기본적인 수행 덕목들인데, 앞에서 말한 공덕을 쌓는 구체적인 방법들이다. 이제 각 항목의 공덕에 대해서 살펴보자.

---

19) 복밭[福田, puñña-kkhetta]은 복을 낳게 하는 밭이라는 뜻이다. 부처님이나 비구 등 공양을 받을 만한 법력(法力)이 있는 자에게 공양하여 받는 복이 마치 농부가 밭에 씨를 뿌려 가을에 수확하는 거와 같다는 뜻이다.
20) Edward Conze, op.cit., pp.157~158.

삼보(三寶)의 공덕

삼보의 의미

　불교의 세 가지 보배를 삼보(三寶)라고 한다. 삼보란 불교도
의 신앙의 대상인 부처님, 부처님의 가르침, 그 가르침을 따
르는 승가를 말한다. 즉 불교의 교조[佛]·교리[法]·교단[僧]을
일컫는 말이다. 이것은 불교를 형성하고 있는 세 가지 가장
기본적이고 근본적인 뼈대이다. 그리고 이것은 또한 종교의
기본적 구성 요소이다.

　그러므로 불교도는 거룩한 부처님께 귀의하고, 부처님의
가르침에 귀의하며, 그 가르침을 따르는 승가에 귀의하는 것
이다. 이러한 삼보에 귀의함으로써 비로소 불교도가 된다. 불
교도의 신앙 생활이란 곧 삼보에 귀의하는 것을 의미한다. 이
것은 오직 불(佛)·법(法)·승(僧)·삼보(三寶)에만 귀의할 뿐, 삼
보 외에 어떠한 외도(外道)의 가르침도 따르지 않겠다는 선서
(宣誓)의 의미도 내포되어 있다.

　삼보에 귀의하는 것을 가장 간단한 문장으로 표현한 것이
바로 '삼귀의문(三歸依文)'이다. 이 '삼귀의문'은 상좌불교와

대승불교를 막론하고 모든 불교의례에서 가장 먼저 행해지는
데, 이것을 '삼귀의례(三歸依禮)' 혹은 '삼보례(三寶禮)'라고도
한다. 삼귀의문은 크게 두 가지 형태의 것이 유통되고 있다.

하나는 남방의 상좌불교 국가에서 공통적으로 사용하고 있
는 팔리어로 쓰여진 삼귀의문이고, 다른 하나는 북방의 대승
불교 국가에서 사용하고 있는 삼귀의문이다. 그런데 상좌불
교의 삼귀의문은 통일되어 있지만, 대승불교의 삼귀의문은
현재 여러 가지 형태가 유통되고 있다. 먼저 팔리어로 쓰여진
삼귀의문부터 살펴보자.

붓당 사라낭 갓차미 (Buddhaṁ saraṇaṁ gacchāmi).
담망 사라낭 갓차미 (Dhammaṁ saraṇaṁ gacchāmi).
상강 사라낭 갓차미 (Saṅghaṁ saraṇaṁ gacchāmi).

붓다를 의지하여 가겠습니다.
담마를 의지하여 가겠습니다.
상가를 의지하여 가겠습니다.

위 팔리어 삼귀의문은 매우 간단 명료하다. 이것을 세 번
반복하는데, 두 번째 반복할 때는 앞에 두띠얌삐(Dutiyampi, 두
번째)라는 말을 붙이고, 세 번째 반복할 때는 따띠얌삐
(Tatiyampi, 세 번째)라는 말을 붙인다. 이처럼 삼보에 귀의하는
것을 세 번 되풀이한다. 그런데 이 삼귀의문에는 다만 불(佛,

Buddha) · 법(法, Dhamma) · 승(僧, Saṅgha)이라는 단어만 언급되어 있을 뿐, 불(佛) · 법(法) · 승(僧)에 대한 구체적인 개념 설명은 없다.

한편 대승불교의 삼귀의문은 여러 가지 종류가 있다. 각 종파에 따라 약간 다른 삼귀의문을 사용하고 있다. 현재 한국의 일반 법회에서 암송되고 있는 한문으로 된 삼귀의문은 다음과 같다.

귀의불양족존(歸依佛兩足尊) 거룩한 부처님께 귀의합니다.
귀의법이욕존(歸依法離欲尊) 거룩한 가르침에 귀의합니다.
귀의승중중존(歸依僧衆中尊) 거룩한 스님들께 귀의합니다.

이 한문 삼귀의문의 한글 번역은 완전한 것이라고 할 수 없다. 왜냐하면 불법승 삼보에 대한 자세한 설명이 생략되어 있기 때문이다. 이 삼귀의문에 나오는 불(佛)은 두 발 가진 중생, 즉 인천중(人天衆) 가운데 가장 존귀하다는 뜻이다. 법(法)은 모든 욕심(欲心)을 여의게 하는 가르침 중에서 가장 존귀하다는 뜻이다. 그리고 승(僧)은 모든 집단(衆) 중에서 가장 존귀하다는 뜻이다. 이와 같이 양족존(兩足尊)의 본뜻은 두 발 가진 사람 가운데 제일 높은 분이라는 의미이다. 즉 무상사(無上士, anuttara), 혹은 천인사(天人師, sattā deva-manussānaṁ) 등의 의미가 이에 해당된다고 할 수 있다. 이것을 정확히 번역하면 다음과 같다.

귀의불양족존(歸依佛兩足尊)

귀의법이욕족(歸依法離欲尊)

귀의승중중존(歸依僧衆中尊)

두 발 가진 이 가운데 가장 높은 부처님께 귀의합니다.

욕심 여읜 이 가운데 가장 높은 담마에 귀의합니다.

여러 무리 가운데 가장 높은 승가에게 귀의합니다.

이와 같이 부처님는 두 발 가진 사람 가운데 가장 존귀한 분이라는 뜻이다. 담마는 오계(五戒)와 사제법(四諦法)으로서 모든 세속의 욕심을 여의게 하는 법 가운데 가장 높다는 뜻이다. 승가는 능히 세속을 나와서 부처님의 도를 배우므로 여러 대중 가운데 가장 높다는 뜻이다.[21] 그런데 나중에는 양족(兩足)의 족(足)을 만족의 뜻으로 이해하여, 부처님은 복덕과 지혜 혹은 지혜와 자비 두 가지를 구족한 것으로 잘못 해석하기도 하였다.[22] 또한 위에서 살펴본 삼귀의문과 약간 다르게 번역된 것이 있다.

귀의불무상존(歸依佛無上尊) 가장 높으신 부처님께 귀의합니다.

귀의법이욕존(歸依法離欲尊) 탐욕을 없애는 담마에 귀의합니다.

---

21) 李鍾益, 『信』(숭주: 불일출판사, 1987), p.64.

22) 韓龍雲 編纂 · 李元燮 譯註, 『불교대전』(서울: 현암사, 1980), pp.190~191 참조.

귀의승화합존(歸依僧和合尊) 화합의 승가께 귀의합니다.

앞에서 살펴본 팔리어 삼귀의문에는 오직 불·법·승 삼보에 귀의한다는 내용뿐이다. 반면 대승불교에서 유통되고 있는 두 가지 삼귀의문은 '우리가 왜 삼보에 귀의해야 하는가'라는 이유를 밝히고 있다. 이를테면 부처님은 '두 발 가진 이 가운데 가장 높으신 분' 혹은 '위없이 높으신 분'이라는 형용사가 첨가되어 있다. 또 법은 탐욕(번뇌)을 없애는 가장 뛰어난 진리임을 밝히고 있다. 그리고 승은 무리 가운데 가장 뛰어난 단체 혹은 인류의 공동체 중에서 가장 잘 화합된 단체라고 밝히고 있다.

이러한 해석과 관련이 있는 다른 경전의 내용을 살펴보자. 『발보리심경(發菩提心經)』에 이런 말씀이 나온다. "세존께서 바라문(婆羅門)에게 이르셨다. 내가 이제 큰 이익에 대해 설하리니, 그대는 마땅히 잘 들어라. 사람이 능히 보리심(菩提心)을 일으키면 이족존(二足尊)이 될 수 있는 바, 이것을 큰 이익이라고 부른다."라고 했다. 여기서 말하는 이족존(二足尊)은 양족존(兩足尊)을 말한다. 이족(二足)이란 두 다리로 걷는 자라는 뜻이다. 즉 사람을 가리킨다. 사람 중에서 가장 존귀한 분을 일컫는 말이다.

또 다른 한역 경전인 『최무비경(最無比經)』에 다음과 같은 내용이 실려 있다.

"부처님께서 아난(阿難)에게 이르셨다. 선남자 선여인이 청정한 신심(信心)을 가지고, '이제 저는 사람 중에서 가장 존귀하신 부처님께 귀의하나이다. 욕망을 떠난 것 중에서 가장 존귀한 부처님의 가르침에 귀의하나이다. 온갖 집단 중에서 가장 존귀한 스님들께 귀의하나이다.' 라고 말한다면 이 사람이 얻게 될 복은 헤아릴 수 없다."

이 경에서 말하는 '사람 중에서 가장 존귀하신 부처님'이란 '불양족중존(佛兩足中尊)'을 번역한 것이다. 다음 '욕망을 떠난 것 중에서 가장 존귀한 부처님의 가르침'이란 '법이욕중존(法離欲中尊)'을 번역한 것이다. 마지막으로 '온갖 집단 중에서 가장 존귀한 스님들'이란 '승중중존(僧衆中尊)'을 번역한 것이다.

한편 초기경전인 한역 『잡아함경』 32권, 『왕정경(王頂經)』에 의하면, "나는 이제 제도되었나이다. 세존이시여, 지금부터 부처님과 법과 비구승에 귀의하여 목숨이 다할 때까지 우바새가 되겠나이다."[23]라고 했다. 또한 『잡아함경』 32권, 『우바새경(優婆塞經)』에서도 "나는 지금부터 목숨을 마칠 때까지 불에 귀의하고 법에 귀의하고 비구승에게 귀의하여 우바새가 되겠나이다. 나를 증명하여 알아주소서."[24]라고 했다.

위 두 경전의 인용문을 보면 초기경전의 승은 비구승을 의미함을 분명히 밝히고 있다. 그러나 『육조단경(六祖壇經)』에서

---

23) 大正藏 2, p.229中~下: "我今已道. 世尊. 歸佛歸法歸比丘僧. 從今盡壽爲優婆塞."

는 이러한 재래의 삼보 해석과는 달리 완전히 파격적으로 삼보를 해석하였다. 이것이 바로 자성삼보(自性三寶)인 것이다. 이에 관한 『육조단경』의 원문을 읽어보자.

"선지식이여, 이제 사홍서원을 발하였으니 다시 선지식들에게 무상삼귀의계(無上三歸依戒)를 주리라. 선지식이여, 깨달은 양족존(兩足尊=복과 지혜 두 가지가 다 구족하므로)께 귀의하고, 올바른 이욕존(離欲尊=바른 법은 욕심과 때묻음을 떠난 것이므로)께 귀의하고, 조촐한 중중존(衆中尊=正法을 행하여 戒·定·慧·解脫·解脫知見으로 더불어 화합하므로)께 귀의하여 앞으로는 깨달은 분을 스승으로 삼고 다시는 사특한 마구니 외도(外道)에 의지하지 않을 자성삼보(自性三寶=성품이 스스로 靈覺하므로 佛寶며, 성품이 본래 寂滅하므로 法寶, 성품이 어긋나지 않고 다툼이 없으므로 僧寶임)로써 항상 스스로 증명하게 하라.

선지식에게 권하노니, 자성삼보에 귀의하라. 부처란 깨달음이며, 법이란 올바름이며, 승이란 조촐함이라. 제 마음을 깨달음에 귀의하여 삿된 것 어두운 것을 내지 않고, 욕심을 적게 하고 만족하게 생각하여 능히 재물과 색을 떠나면 이것이 양족존이며, 제 마음을 올바름에 귀의하면 삿된 소견이 없으며 남과 나를 따지는 일도 탐욕(貪愛)에 쏠리는 일도 없으리니, 이것이 이욕존이며, 제 마음을 조촐함에 귀의하여 모든 지저분한 것과 애욕(愛欲)의 경계에 자성이 물들지 않으리니 이것이 중중존이라. 만일 이렇게 닦으면 이것이

---

24) 大正藏 2, p.236中; "我今盡壽歸佛歸法歸比丘僧. 爲優婆塞. 證知我."

스스로 귀의함이어늘 범부들이 알지 못하고 낮부터 밤까지 삼귀계(三歸戒)를 받는다 하니 만약 부처에게 귀의한다면 부처가 어디에 있는가? 만일 부처를 보지 못한다면 무엇을 의지해서 돌아갈 것인가? 귀의한다는 말이 도리어 허망하니라.

선지식이여, 각각 스스로 살펴서 잘못 쓰지 말 것이니 경문(經文)에도 분명히 '스스로의 부처〔自佛〕에 귀의하라' 하셨고, 다른 부처에게 귀의하라는 말씀은 없으시니라.

제 부처에게 돌아가지 않으면 의지할 곳이 없나니 이제 이미 스스로 깨달았거든 각각 모름지기 제 마음의 삼보에 귀의하라. 안으로는 심성(心性)을 고르게 하고 밖으로는 남을 공경하는 것이 이 스스로 귀의함이니라.

선지식이여, 이미 스스로의 삼보〔自三寶〕에 귀의하였으니 다시 각각 마음을 가다듬으라. 내가 일체삼신(一體三身)의 자성불(自性佛)을 말하여 너희들로 하여금 삼신(三身=法身·報身·化身)을 분명히 보고 스스로 제 성품을 깨닫게 하리니 다 나를 따라서 이렇게 부르라".[25]

이상에서 살펴본 팔리어 삼귀의문과 한문 삼귀의문의 내용은 대체로 동일하다. 다만 팔리어 삼귀의문에는 불법승의 명칭만 거론되고 있는 반면 한문 삼귀의문에는 이들 삼보에 대한 개념이 첨가된 것이 다를 뿐이다.

팔리어 삼귀의문을 한문으로 직역하면 귀의불(歸依佛)·귀

25) 한길로 번역, 『육조단경』(서울: 법보원, 1963), pp.79~81.

의법(歸依法)·귀의승(歸依僧)이 될 것이다. 그런데 한문 삼귀
의문은 귀의불에 '양족존(兩足尊)' 혹은 '무상존(無上尊)'을, 귀
의법에 '이욕존(離欲尊)'을, 귀의승에 '중중존(衆中尊)'을 덧붙
인 것이다. 현재 한국불교에서 행해지고 있는 복잡한 모든 불
교의례는 이 삼보례에서 발전한 것이라 할 수 있다.

삼보의 공덕

그러면 왜 삼보를 보배라고 하는가? 이에 대하여 『심지관
경(心地觀經)』에서는 비유를 들어 자세히 밝히고 있다. 이 경의
설명에 의하면, 최고의 진귀한 보물은 열 가지 조건을 갖추고
있다. 마찬가지로 불·법·승 삼보도 이러한 열 가지 조건을
모두 갖추고 있기 때문에 보배라고 한다는 것이다.

첫째, 견고함이다. 특히 마니주(摩尼珠)를 아무도 깨뜨리지
못하는 것처럼, 삼보도 외도(外道)나 천마(天魔)가 능히 깨뜨리
지 못한다. 훌륭한 보석의 특징은 견고함이다. 외도란 다른
종교나 사상을 말한다. 천마는 악마나 귀신을 뜻한다. 다른
종교나 사상, 그리고 악마나 귀신들이 불법승 삼보를 파괴할
수 없다는 의미이다. 불교는 그 어느 사상보다도 위대하다는
것을 견고함에 비유한 것이다.

둘째, 더러움을 떠난 청정함이다. 세상의 뛰어난 보배가 청
아하고 빛나서 더러움과 섞이지 않는 것처럼, 불법승의 삼보
도 번뇌의 더러움을 온통 멀리 떠났다. 삼보는 번뇌의 더러움
으로부터 벗어나 청정하기 때문에 보배라고 한다.

셋째, 즐거움을 준다. 천덕병(天德甁)이 즐거움을 주는 것처럼, 불법승 삼보도 중생에게 세간(世間)·출세간(出世間)의 즐거움을 준다. 천덕병은 천상에 있는 병인데, 원하는 것이 뜻대로 나온다고 한다. 그런데 부처님의 가르침은 삶의 방법이기 때문에 그 가르침대로 실천하면 이 세상에서 최상의 즐거움을 얻는다. 이것을 현법열반(現法涅槃)이라고 한다. 삼보를 통해 이와 같은 진정한 즐거움을 얻기 때문에 보배라고 한다.

넷째, 만나기 어려움이다. 길상보(吉祥寶)가 아주 귀해서 얻기 어려운 것처럼, 불법승의 보배도 업장이 두터운 중생은 억겁이 지나도 만나기 어렵다. 길상보는 좋은 향·약·진주·금은 등이 가득 들어 있는 보배를 말한다. 이러한 진귀한 보배를 만나기 어려운 것처럼 삼보도 참으로 만나기 어렵기 때문에 보배인 것이다. 이 지구상의 수많은 사람들은 생전에 부처님의 가르침을 만나지 못하고 죽는다. 그런데 불법을 만난 자는 참으로 행복한 사람이다.

다섯째, 깨는 작용이다. 여의보(如意寶)가 가난을 깨는 것처럼, 불법승의 보배도 중생의 가난을 깨뜨린다. 가난 즉 궁핍은 물질적인 것과 정신적인 것이 있다. 부처님은 재가자들이 물질적 궁핍에서 벗어날 수 있는 길을 구체적으로 제시해 놓았다. 따라서 그 가르침대로 실천하면 물질적 궁핍에서 벗어날 수 있다. 한편 불교에서는 물질적 풍요도 중요하지만 정신적 풍요를 더욱 중요하게 여긴다. 아무리 물질적으로 풍요할지라도 정신적으로 궁핍하다면 진정한 행복이라고 할 수 없다. 삼보는 이러한 물질적·정신적 가난에서 벗어날 수 있는 길을 제시해 주기 때문에 보배라고 한다.

여섯째, 위덕(威德)이다. 전륜성왕(轉輪聖王)이 지닌 윤보(輪寶)가 여러 적을 굴복시키는 것처럼, 불법승의 보배도 신통을 갖추어 여러 악마를 항복시킨다. 다른 경에서 전륜성왕은 윤보로써 적을 항복시킨다고 한다. 그런데 부처님은 위덕, 즉 위신력으로 사람과 천신을 항복시킨다. 부처님의 위신력이란 곧 지혜와 자비의 힘을 상징적으로 표현한 것이다. 부처님의 위신력을 만화에서나 볼 수 있는 하늘로 날아다닌다거나 물 위로 걸어다니는 것으로 이해해서는 안 된다. 그리고 적과 악마는 우리들 마음속에서 일어나는 온갖 번뇌를 말한다. 불교도는 언제나 지혜와 자비의 힘으로 내부의 적과 외부의 적을 항복시킨다. 이러한 지혜와 자비의 위덕이 있기 때문에 보배라고 한다.

일곱째, 원(願)을 만족시킴이다. 마니주가 소원에 따라 온갖 보배를 내려주는 것처럼, 불법승의 보배도 중생이 실천할 좋은 원을 만족시켜 준다. 탐욕은 중생의 욕심에서 비롯된 것이지만, 원은 자기완성과 중생교화를 위한 정신적·실천적 덕목이다. 이러한 원은 삼보를 통해 얻을 수 있기 때문에 보배라고 한다.

여덟째, 장엄(莊嚴)이다. 세상의 진귀한 보배가 왕궁을 장엄하는 것처럼, 불법승도 법왕(法王)의 깨달음의 궁전을 장엄한다. 사람들은 외형적인 화장으로 아름답게 보이려고 한다. 그러나 일시적인 화장은 진정한 아름다움이 아니다. 장엄은 내면에서 우러나온 아름다움을 말한다. 지계의 향기, 선정의 향기, 지혜의 향기, 해탈의 향기, 해탈지견의 향기, 즉 오분향(五分香)을 통해 오분법신(五分法身)을 장엄한다. 삼보를 통해 이러한 깨달음의 궁전을 장엄하기 때문에 보배라고 한다.

아홉째, 가장 뛰어남이다. 제천(諸天)의 보배가 가장 훌륭한 것처럼, 불법승의 보배도 여러 중생의 가장 우수하다는 보배를 훨씬 능가한다. 보물에도 서열이 있다. 가장 값진 보물이 있듯이 종교와 사상에도 서열이 있다는 의미다. 어떤 다른 종교나 사상도 어느 한 부분에 있어서는 훌륭한 가치를 지니고 있다. 그러나 그 가운데 가장 뛰어난 사상이 부처님의 가르침이기 때문에 삼보는 가치를 논할 수 없는 보배라고 한다.

열째, 불변함이다. 순금이 불에 넣어도 변하지 않는 것처럼, 불법승의 보배도 세상의 팔풍(八風)이 흔들어대지 못한다. 팔풍이란 이익과 손해, 불명예와 명예, 칭찬과 책망, 괴로움과 즐거움을 말한다. 세상 사람들은 이러한 것에 동요된다. 그러나 삼보는 팔풍에도 흔들리지 않는 불변함을 갖고 있기 때문에 보배인 것이다.

이와 같이 불·법·승 삼보에는 열 가지 조건, 즉 공덕이 갖추어져 있다. 그러므로 누구나 삼보에 귀의하면 이러한 열 가지 공덕을 얻게 되는 것이다.

『기신론(起信論)』에서는 "삼보에게 공양하고 예배하며 찬탄하고 기뻐하면 삼보를 사랑하고 공경하는 순박하고 진실한 마음으로 신심이 늘어나게 되어 위없는 깨달음을 구하게 된다. 그리고 삼보가 보호하는 힘으로 능히 업장을 소멸하고 선근(善根)이 물러감이 없고 모든 장애를 여의게 된다."라고 설하고 있다.

또한 『제법집요경(諸法集要經)』에서는 "중생이 항상 삼보에 귀의하면 먼저 천상의 즐거움[天中樂]을 받고, 그 다음에 깨달음의 과보[寂靜果]를 얻게 된다."라고 밝히고 있다.

『존나경(尊那經)』에서는 "만약 맑고 깨끗한 믿음을 가진 사람이 있어서, 여래가 계신 곳이나 성문이 계신 곳에서 법을 듣고 크게 착한 뜻을 일으켜, 불법승에 귀의하여 여래의 청정한 계법(戒法)을 받는다면, 이는 다함이 없는 공덕[無盡功德]이므로 큰 과보가 있을 것이다."라고 하였다.

『출요경(出要經)』에 의하면, "중생이 능히 삼보에 스스로 귀의하면 원을 이루지 못함이 없으며, 천인(天人)의 공양하는 바가 되며, 스스로 깨달음을 얻어 영겁토록 복을 받을 것이다. 사람이 의지하는 바가 없는 것은 나무에 뿌리가 없는 것과 같다. 만약 의지하는 삼보가 있다면, 무슨 일인들 이루지 못하랴."라고 했다. 이 경에서 특히 '사람이 의지하는 바가 없는 것은 나무에 뿌리가 없는 것과 같다'는 대목은 참으로 인상적이다. 나무에 뿌리가 없으면 나무로서의 생명은 이미 끝난 것이다. 이 세상을 살아가면서 의지할 대상, 즉 귀의처를 아직 찾지 못한 사람은 참으로 불행한 사람이라고 할 수 있다.

『제석소문경(帝釋所問經)』에 의하면, "만약 어떤 사람이 일심

(一心)·성심(誠心)으로 부처님께 귀의하면, 그 사람은 큰 정신적 즐거움을 반드시 얻게 된다. 부처님께서는 밤낮 없이 중생을 생각해 잊지 않으시기 때문이다. 사람이 일심·성심으로 달마(達磨)에 귀의하면, 그 사람은 큰 정신적 즐거움을 반드시 얻게 된다. 달마의 힘은 밤낮 없이 중생을 보살피기 때문이다. 사람이 일심·성심으로 승가(僧伽)에 귀의하면, 그 사람은 안락하고 평안함을 반드시 얻게 된다. 승가의 힘은 밤낮 없이 중생을 보호하기 때문이다."라고 했다.

또한『십이인연경(十二因緣經)』에 이르길, "사람들이 바라는 것이 세 가지가 있다. 건강(健康)·안온(安穩)·장수(長壽)가 그것이다. 또 세 가지 적이 있다. 늙음은 건강의 적이요, 질병은 안온의 적이며, 죽음은 장수의 적이다. 이런 피치 못할 괴로움을 구하는 방법에도 세 가지가 있다. 부처님께 귀명(歸命)하고, 법(法)에 귀명하고, 승(僧)에 귀명하는 일이다."라고 했다. 이것은 왜 삼보에 귀의해야 하는가를 쉽게 이해할 수 있도록 설명한 것이다.

이와 같이 삼보는 이 세상에서 가장 귀중한 보배이다. 그러므로 삼보에 귀의하고 공경·공양하며, 그 가르침을 받들어 신행하면 모든 죄업과 불행이 점차 사라지고 복덕을 성취하게 될 것이다. 그리고 현세나 내세에 천상이나 인간으로 태어나서 높은 지위와 복덕을 누리게 된다. 또한 수행하면 능히 불도를 성취하여 길이 생사고해를 건너서 영원한 이상세계에 도달하게 될 것이다.

삼보에 귀의하는 방법

이제 삼보에 귀의하는 방법에 대해 살펴보자. 사실 삼보에 귀의하는 특별한 절차나 방법이 별도로 있는 것은 아니다. 부처님을 생각하는 그 자체가 곧 귀의(歸依)인 것이다.

『법경경(法鏡經)』에 이르되, "부처님을 뵙고 부처님을 정신 차려 생각하면(思念), 이는 부처님께 스스로 귀의하는 것이 된다. 가르침, 즉 법을 듣고 법을 정신차려 생각하면, 이는 법에 스스로 귀의하는 것이 된다. 여래의 성중(聖衆; 敎壇)을 보고 깨달음을 구하는 마음, 즉 보리심(菩提心, bodhi-citta)을 정신차려 생각하면, 이는 승(僧; 敎壇)에 스스로 귀의하는 것이 된다." 라고 했다.

또한 『인연승호경(因緣僧護經)』에 따르면, "부처님께 귀의하는 사람은 아주 좋은 이익을 얻으리니, 밤낮으로 마음속에서 염불(念佛)을 떠나지 말아야 한다. 법에 귀의하면 아주 좋은 이익을 얻으리니, 밤낮으로 마음속에서 염법(念法)을 떠나지 말아야 한다. 승에 귀의하는 사람은 아주 좋은 이익을 얻으리니, 밤낮으로 마음속에서 염승(念僧)을 떠나지 말아야 한다." 라고 했다.

여기서 말하는 염불(念佛, Buddha-manasikāra)이란 부처님을 마음속으로 생각하는 것을 말한다. 즉 부처님의 공덕이나 모습을 마음으로 염(念)하는 것이다. 흔히 염불이라고 하면 '나무아미타불' 등을 부르는 뜻으로 쓰이나, 이것은 후세에 와서 생긴 이름이다. 염법(念法, Dhamma-manasikāra)이란 불법의 탁

월함을 마음속으로 생각해 잊지 않는 것을 말한다. 염승(念僧, Saṅgha-manasikāra)이란 교단(教團: 僧)의 공덕을 마음속으로 생각해 잊지 않는 것을 말한다.

위에서 소개한 두 경전에 의하면, 염불(念佛) · 염법(念法) · 염승(念僧)이 곧 부처님께 귀의하고, 그 가르침에 귀의하며, 승가에 귀의하게 된다는 것이다. 다시 말해서 삼보에 귀의한다는 것은 곧 마음속으로 부처님과 부처님의 가르침, 그리고 승가를 생각하는 것을 말한다. 즉 염불(念佛) · 염법(念法) · 염승(念僧)이 곧 삼귀의인 것이다.

신심(信心)의 공덕

믿음의 의미와 그 대상

앞에서 살펴본 바와 같이, 대승불교는 믿음(信心)에서 출발한다. 대승불교에서는 믿음이 전제되지 않으면 그 존립 기반 자체를 잃고 만다. 믿음이 없으면 정신적 통찰이라는 식물이 싹틀 수 없기 때문에 믿음을 '씨앗(種子)'이라고 부르기도 한다.

『대장엄경(大莊嚴經)』에서는 "온갖 공덕은 믿음으로 사명(使命)을 삼는다. 그러기에 보물 중에서 믿음이 으뜸이다."라고 단정하고 있다. 『대보적경(大寶積經)』에서는 "믿음은 부처님의 아들이다. 그러므로 지혜로운 사람은 마땅히 믿음을 가까이해야 한다."고 했다. 『범망경(梵網經)』에서도 "온갖 것은 믿음으로 으뜸을 삼는다. 이것이 모든 덕(德)의 근본이다."라고 했다.

또한 『잡아함경(雜阿含經)』에서는 "믿음은 씨요, 고행은 단비(時雨)이다."라고 했다. 『별역잡아함경(別譯雜阿含經)』에서도 "여러 재물 중 믿음이 제일가는 재물이다."라고 했다.

이처럼 믿음은 대승불교 신앙의 토대이며 출발점이다. 그러면 믿음이란 무슨 뜻인가. 믿음의 뜻을 『석마하연론(釋摩訶衍論)』에서는 다음과 같이 밝히고 있다. 즉 믿음에는 열 가지 뜻이 있다. 무엇이 열 가지인가.

첫째, 정화(淨化)하는 뜻이니, 심성(心性)을 청정 명백하게 하기 때문이다. 둘째, 결정(決定)하는 뜻이니, 심성을 순수 견고하게 하는 까닭이다. 셋째, 환희의 뜻이니, 온갖 근심과 번뇌를 제거하는 까닭이다. 넷째, 싫증이 없는 뜻이니, 해태심(懈怠心)을 없애는 까닭이다. 다섯째, 수희(隨喜)의 뜻이니, 남의 보살행에 동조하는 마음을 일으키는 까닭이다. 여섯째, 존중의 뜻이니, 온갖 덕 있는 사람을 가벼이 보지 않는 까닭이다. 일곱째, 수순(隨順)의 뜻이니, 본 바·배운 바를 따라서 위배됨이 없는 까닭이다. 여덟째, 찬탄(讚嘆)의 뜻이니, 남의 보살행을 따라 진심에서 찬탄하는 까닭이다. 아홉째, 불괴(不壞)의 뜻이니, 마음을 오로지 하여 잊지 않는 까닭이다. 열째, 애요(愛樂)의 뜻이니, 자비심을 성취하는 까닭이다.

그러면 불교에서의 믿음의 대상은 무엇인가. '삼보의 공덕'에서 이미 언급한 바와 같이 불교도의 신앙의 대상은 불·법·승 삼보다. 이것은 틀림없는 사실이다. 그러나 여러 불교 문헌에서는 삼보 외에 다른 신앙의 대상을 추가하기도 하며, 확대 해석하는 경우도 있다.

가장 일반적인 것은 삼보 외에 계(戒)를 추가하여 네 가지를 믿음의 대상으로 삼고 있다. 그런데 『삼혜경(三慧經)』에서는

"믿음의 대상은 다섯 가지가 있다. 첫째, 부처님을 믿음이요, 둘째, 그 가르침을 믿음이요, 셋째, 계(戒)를 믿음이요, 넷째, 경(經)을 믿음이요, 다섯째, 선지식(善知識)을 믿음이다. 이 다섯 가지를 믿으면 도(道)를 얻게 된다."라고 했다.

한편 『아비달마법온족론(阿毘達磨法蘊足論)』에서는 "삼보와 사제(四諦)에 대해 의심을 품는 사람은, 비록 선정(禪定)을 부지런히 닦는다 해도, 부처님들께서 칭찬하지 않으신다."라고 했다. 여기서 사제는 네 가지 고귀한 진리, 즉 사성제(四聖諦)를 말하는데, 불교의 근본 교설이다. 이 논서에 의하면 불교도는 삼보와 사성제의 가르침에 대하여 확실한 믿음을 가져야 한다는 것이다.

신심의 공덕

신심의 공덕에 대해서는 『화엄경』의 「현수품」에서 가장 자세히 잘 설해져 있다. 앞에서 인용한 "믿음은 도(道)의 근원이요, 공덕의 어머니다."라는 대목은 물론 "믿음은 더러운 작용이 없기에 청정함을 가지고 교만을 없앤다. 따라서 믿음이야말로 공경의 근본이며, 법장(法藏)의 제일가는 재물이어서, 청정한 마음의 손이 되어 여러 덕행(德行)을 받아들인다."

"믿음은 보시(布施)가 되어 나타나서 마음에 인색함이 없게 하며, 믿음은 능히 기쁨을 낳아 부처님의 가르침에 들어가게 하며, 믿음은 능히 지혜의 공덕을 증장(增長)시키며, 믿음은 능히 여래지(如來地)에 이르게 한다."

"믿음은 제근(諸根)을 청정히 한다. 믿음은 힘이 견고하여 파괴치 못한다. 믿음은 능히 번뇌의 뿌리를 송두리째 뽑아버린다. 믿음은 능히 부처님의 공덕만을 지향하여 나아간다."[26] 라고 했다.

또한 『화엄경』의 다른 부분에서 이렇게 설하고 있다.

"중생이 있어서 능히 청정한 믿음을 일으킨다면, 반드시 끝없는 선근(善根)을 얻을 것이다. 깊은 믿음은 가히 무너뜨릴 수 없으니 일체 제불(諸佛)을 공경 공양하며 제불과 정법(正法), 성스러운 승가를 믿고 공경하는 까닭에 보리심을 발한다. 제불과 정법을 깊이 믿고 또한 보살이 행한 바 도를 믿어서 바른 믿음으로써 부처님의 보리를 향하게 하여 보살이 처음 발심하는 원인이 된다."라고 했다.

『열반경(涅槃經)』에서도 믿음에 대해 여러 가지로 언급하고 있다. "선남자여, 두 가지 종류의 사람이 있다. 즉 믿는 자와 믿지 않는 자이다. 보살은 마땅히 알라. 믿는 자는 곧 선(善)이요, 믿지 않는 자는 선이라 할 수 없다. 착한 벗을 가까이하면 신심(信心)을 얻는다. 이 신심은 보시(布施)와 그 과보(果報)를 믿음이며, 선(善)과 그 과보를 믿음이며, 악(惡)과 그 과보를 믿음이다. 이것을 올바른 믿음이라 한다. 신심을 얻게 되면 깨끗한 계율(淨戒)을 닦고, 보시를 늘 즐기며, 지혜를 바르게 수행할 수 있게 된다."라고 했다.

---

26) 大正藏 10권, p.72中.

『기신론(起信論)』에서는 "믿음의 힘에 의지하는 까닭에 능히 수행하게 된다."라고 했다. 『아비담비바사론(阿毗曇毘婆沙論)』에서도 "만약 내 제자가 믿음으로써 담을 삼는다면, 능히 악한 외부의 적[外敵]의 침입을 막고 선법(善法)을 수행할 수 있을 것이다."라고 했다.

그러면 구체적으로 믿음이 어떤 공덕과 결과를 가져다주는가. 이에 대한 해답 역시 『화엄경』에서 찾을 수 있다.

"늘 부처님들을 받들어 믿으면 능히 큰 공양(供養)을 일으키게 된다. 큰 공양을 일으키면, 그 사람은 부처님의 불가사의한 가르침을 믿게 된다. 항상 부처님의 존귀한 가르침을 믿으면, 신심의 불퇴전(不退轉)을 얻게 된다. 신심의 불퇴전을 얻으면, 그 사람의 믿음의 힘이 흔들리지 않게 된다.

믿음의 힘을 얻어 흔들리지 않으면, 눈·귀·코·혀·몸의 다섯 가지 감각 기관[五根], 즉 제근(諸根)이 청정하고 밝아진다. 제근이 청정하고 밝아지면 선지식(善知識)을 가까이 할 수 있다. 선지식을 가까이하면, 능히 광대한 선(善)을 닦게 된다.

광대한 선을 닦으면, 그 사람은 큰 원인이 되는 힘[因力]을 성취하게 된다. 큰 인력을 성취하면, 뛰어난 확정적인 이해[決定解]를 얻게 된다. 수승한 결정해를 얻으면, 부처님들의 호념(護念)하시는 바가 된다. 부처님들의 호념하시는 바가 되면, 능히 보리심(菩提心)을 일으키게 된다.

보리심을 일으키면, 능히 부처님의 공덕을 부지런히 닦게 된다. 부처님의 공덕을 닦으면, 능히 여래의 집에 태어나게 된다. 여래의 집에 태어나면, 선한 일을 하며 좋은 방편을 수행하게 된다. 선한 일을 하여 좋은 방편을 수행하면, 믿고 기뻐하는 마음(信樂)이 청정해진다.

믿고 기뻐하는 마음이 청정해지면, 가장 뛰어난 마음을 얻게 된다. 가장 뛰어난 마음을 얻으면, 늘 바라밀(波羅蜜)을 닦게 된다. 바라밀을 닦으면, 능히 대승(大乘, 이 말은 대승불교라는 뜻 외에 온갖 실천법을 의미하기도 한다)을 갖추게 된다. 대승을 갖추면, 능히 가르침대로 부처님을 공양하게 된다.

가르침대로 부처님을 공양하면, 능히 부처님을 생각하는 마음(念佛)이 동요하지 않게 된다. 염불의 마음이 동요하지 않으면, 항상 한량없는 부처님을 뵙게 된다. 한량없는 부처님을 뵙게 되면, 불신(佛身)의 영원함을 보게 된다. 불신의 영원함을 보면, 능히 진리의 영구 불멸함을 알게 된다.

진리의 영구 불멸함을 알면, 변재(辯才, 말 재주, 즉 언어 표현의 능력을 말한다)의 무애(無碍)함을 얻게 된다. 변재가 무애하면, 무변한 가르침을 설할 수 있게 된다. 무변한 가르침을 설하면, 능히 중생을 제도하게 된다. 중생을 제도하면, 견고한 대비심(大悲心)을 얻게 된다. 견고한 대비심을 얻으면, 심심(甚深)한 가르침을 희구(希求)하게 된다.

심심한 가르침을 희구하면, 능히 유위(有爲, 인연으로 화합된 온갖 현상을 말한다)의 허물을 버리게 된다. 유위의 허물을 버리면, 교만과 방일(放逸)을 떠나게 된다. 교만과 방일을 떠나면, 능히 온갖 중생을 널리 이롭게 해 주게 된다. 온갖 중생을 널리 이롭게 하면, 생사(生死=윤회) 속에 있으면서도 싫증을 모르게 된다."라고 했다.

이상에서 살펴본 여러 가지 경설(經說)에 따르면 대승의 보살이 닦아야 할 모든 실천 덕목은 이 믿음에서부터 시작된다는 것을 알 수 있다. 다시 말해서 믿음으로 말미암아 발심하게 되며, 발심함으로써 비로소 궁극의 깨달음을 이루게 되는 것이다.

예불(禮佛)의 공덕

예배와 예불의 의미

예배란 머리를 조아려 인사하는 것을 말한다. 줄여서 예(禮) 혹은 배(拜)라고도 한다. 『선가귀감(禪家龜鑑)』에서 "예배란 공경이며 굴복이다. 참된 성품을 공경하고 무명(無明)을 굴복시키는 일이다."[27]라고 정의하고 있다.

이러한 예배의 방식에는 크게 세 가지 종류가 있다. 즉 읍(揖), 궤(跪), 계수(稽首)가 그것이다. 읍(揖)은 손을 모아 허리를 굽히는 정도를 말하는데, 합장이 이에 해당된다. 궤(跪)는 무릎을 꿇고 절하는 것[跪拜]인데, 우슬착지(右膝着地)가 이에 해당된다. 계수(稽首)는 머리가 땅에 닿도록 공손히 절하는 것을 말한다. 즉 머리와 얼굴을 상대편의 발에 대는 두면예족(頭面禮足)을 말한다. 이것을 흔히 오체투지(五體投地)라고 부른다. 오체투지는 인간의 신체 가운데 최상인 머리를 최하인 발에

---

27) "禮拜者는 敬也요 伏也니 恭敬眞性하고 屈伏無明이니라."〔西山 著·法頂 譯, 『禪家龜鑑』 (서울: 弘法院, 1982), p.100.〕

댐으로써 최대의 공경을 표하는 것이다.

이러한 세 가지 예배 가운데 머리를 땅에 대는 오체투지가 최상의 예임은 말할 나위 없다. 그래서 예불시의 절은 반드시 오체투지로 행한다. 이것은 불·법·승 삼보에 대한 최상의 존경을 표하기 위해서다.

그런데 비록 형식적으로는 두면예족을 갖추었더라도, 예배자의 마음가짐에 따라 올바른 예가 되기도 하지만, 그릇된 예가 될 수도 있다. 그러므로 형식적인 예배가 아닌 진심에서 우러난 간절한 예배가 되어야만 비로소 감응이 있게 되는 것이다.

예불(禮佛)은 예경제불(禮敬諸佛)의 준말로, 모든 부처님께 예배하고 공경한다는 말이다. 『화엄경』「보현행원품」은 선재동자가 문수보살에 의해 보리심을 내어 53선지식을 차례로 역방(歷訪)하여 진리[道]를 묻고, 마지막으로 보현보살께 이르렀을 때, 보현보살이 설하신 법문이다. 그런데 이「보현행원품」에 나오는 보현보살의 십종대원(十種大願)[28]의 첫째가 예경제불이다. 보현보살의 열 가지 큰 원은 곧 대승보살이 수행해야 할 가장 중요한 열 가지 실천 덕목이다.

중국 북송 때의 고승인 연수지각(延壽智覺) 선사는 불자의 수행 방법으로 여덟 가지를 제시했다. 즉 예불·염불·지계·

---

[28] 普賢菩薩十種大願: 一者禮敬諸佛願. 二者稱讚如來願. 三者廣修供養願. 四者懺悔業障願. 五者隨喜功德願. 六者請轉法輪願. 七者請佛住世願. 八者常隨佛學願. 九者恒順衆生願. 十者普皆廻向願.

간경(看經) · 좌선 · 참선 · 득오(得悟) · 설법이다. 그런데 여기서도 그 첫째가 예불이다. 따라서 예불은 출가 · 재가를 막론하고 수행의 첫걸음이자 마지막이다. 또한 불자가 삼보에 귀의함과 더불어 세세생생을 통해 끊임없이 계속해야 할 행원(行願)이다.

초기불교 교단에서는 예불이라는 별도의 의례가 없었다. 그들은 부처님과 함께 정해진 규범, 즉 계율에 따라서 하루의 일과를 충실하게 생활하면 그만이었다. 그런데 후대의 대승불교에서는 부처님께 예배하고 공양하는 것이 중요한 수행 덕목으로 자리잡게 되었다. 이러한 영향으로 대승불교국에서 예불이 차지하는 비중은 매우 높다. 특히 한국의 사원에서는 비가 오나 눈이 오나 단 하루도 조석 예불을 거르는 일이 없다.

예불의 공덕

『업보차별경(業報差別經)』에서는 부처님께 예배하고 공경하면 열 가지 공덕29)을 갖추게 된다고 하였다. 예불의 열 가지 공덕은 다음과 같다.

첫째, 32호상과 80종호를 구족한 묘색신(妙色身)을 얻게 된다. 부처님의 상호는 범부와는 다른 32호상과 80종호를

---

29) 禮佛十種功德: 一者得妙色身. 二者出語人信. 三者處衆無畏. 四者佛所護念. 五者具大威儀. 六者衆人親附. 七者諸天愛敬. 八者具大福德. 九者命終往生. 十者速證涅槃.

갖추었다. 이러한 거룩한 부처님의 상호를 우러러보고 간절한 마음으로 예배하다 보면, 자신도 모르는 사이에 청아하고 단정한 용모를 갖추게 된다. 비록 부모로부터 물려 받은 얼굴 생김새를 완전히 바꿀 수는 없지만 예불로 말미암아 점차 부처님의 묘색신, 즉 만덕구족(萬德具足)의 원만상(圓滿像)을 닮아가게 되는 것이다.

둘째, 말을 하면 사람들이 모두 믿게 된다. 예불자는 부처님을 따라 배우는 사람이다. 이런 사람이 어찌 거짓을 말하겠는가? 그러므로 예불자의 말을 부처님의 말씀과 같이 여기고 사람들이 믿고 따르게 되는 것이다.

셋째, 대중과 함께 있더라도 두려워하지 않는다. 예불자는 언제나 부처님을 마음속으로 생각하기 때문에 어느 때 어느 곳에서나 평온한 마음 상태를 유지한다. 예불자는 이미 번뇌와 공포의 두려움으로부터 벗어났는데 더 이상 무엇을 두려워할 것인가.

넷째, 부처님께서 마음에 두어 지켜주신다. 예불자가 부처님을 진심으로 존경하는 마음에서 예배하는데, 어찌 부처님께서 그 사람을 보호하고 지켜주지 않겠는가?

다섯째, 크게 위의(威儀)를 갖추게 된다. 예불자는 언제나 단정한 복장과 가장 경건한 마음으로 간절히 예배하기 마련이다. 그러므로 경거망동하는 태도는 점차 교정되고 성스러움으로 가득 차게 된다. 이러한 내면의 성스러움이 밖으로 자연스럽게 표출되므로 점차 거룩한 성자의 모습을 갖추게 되는 것이다.

여섯째, 여러 사람들이 친히 가까이하게 된다. 예불자는 오직 거룩한 부처님의 덕상을 우러러보고 사모하기 때문에 착한 마음(善心)으로 충만해 있다. 나쁜 마음(惡心)을 찾으려고 해도 찾을 수가 없다. 그가 착한 마음을 갖추고 있기 때문에 예불자의 주위에는 언제나 착한 벗(善友)들이 모여들게 마련이다.

일곱째, 모든 하늘의 천신이 사랑하고 공경하게 된다. 예불자의 간절한 지성심(至誠心)은 귀신은 물론 제천(諸天)을 감동시킨다. 특히 호법선신(護法善神)들은 예불자를 지극히 사랑하고 공경한다. 이것은 호법 신장들의 의무다. 이처럼 선신들이 예불자를 옹호하고 지켜주기 때문에 악신(惡神)들은 범접하지도 못한다.

여덟째, 큰 복덕을 갖추게 된다. 예불자가 삼보를 굳게 믿고 지극한 정성으로 예배드림으로써 얻게 되는 복덕은 헤아리기 어렵다. 예불을 통해 유루(有漏)의 복은 물론 무루(無漏)의 복을 얻게 되는 것이다.

아홉째, 죽은 뒤에는 왕생 극락하게 된다. 예불자가 아직 미진하여 현법(現法=금생)에서 열반을 증득하지는 못했다 할지라도, 그 사람이 닦은 바 공덕으로 말미암아 사후 극락세계에 왕생하게 된다는 것은 자명한 사실이다.

열째, 열반을 속히 증득하게 된다. 불교도가 추구하는 궁극의 목표는 열반 증득이다. 이 열반을 사후에 얻는 것이라고 생각하면 크게 잘못된 것이다. 금생에서 이 몸 그대로 열반을 체득하는 것이 곧 현법열반(現法涅槃)이다. 예불을 통해 불교의 궁극 목적인 열반을 증득하게 된다는 것이다. 우리는 이 점에 주목할 필요가 있다. 열반 증득, 이보다 더 큰 공덕이 어디 있겠는가.

이상은 경전에 언급되어 있는 예불의 공덕에 관한 설명이다. 이제부터는 많은 사람들이 예불을 통해 얻게 되었던 실제적인 이익들에 대해 살펴보자.

부처님의 거룩한 모습을 우러러보고 지극한 마음으로 예불을 꾸준히 실행하면 다음과 같은 이익을 얻는다.

첫째, 아상(我相)이 저절로 꺾이게 된다. 아상이란 아만심(我慢心)을 말한다. 즉 자기를 높이고 남을 가볍게 여기는 교만한 마음을 일컫는다. 대체로 이런 사람들은 남에게 고개 숙이기를 좋아하지 않는다. 그런데 신심을 내어 진정으로 부처님께 예불하다 보면 저절로 자기 겸손에서 오는 경건한 마음을 갖추게 된다.

둘째, 서원(誓願)이 굳건해 진다. 예불자가 지극한 정성으로 절하는 순간 서원과 원력을 되새기게 된다. 이때 탐·진·치 삼독(三毒)에서 비롯된 삿된 욕망을 자연스럽게 조복받게 되고, 보살의 마음에서 우러난 대원(大願)을 세우게 된다. 이러한 원을 반복적으로 되새기게 되기 때문에 예불을 통해 서원은 더욱 굳건해진다.

셋째, 삼업(三業)이 청정해진다. 지극한 정성으로 절을 하다 보면 자신도 모르는 사이 과거의 잘못을 뉘우치게 된다. 다시 말해서 악업을 뉘우치고 선업을 증장시킨다. 과거의 잘못을 뉘우치는 것을 참(懺)이라 하고, 앞으로 닥쳐올 잘못을 미리 예방하는 것을 회(悔)라고 한다. 이러한 참회는 예불을 통해 이루어지므로 몸과 입과 뜻으로 짓는 모든 허물을 뉘우치게 되어 삼업이 청정해진다.

넷째, 몸과 마음이 강건해진다. 지극한 마음으로 절을 하다 보면 마음의 평안을 얻게 될 뿐만 아니라 건강의 증진, 신진 대사의 촉진과 기능의 원활함에서 오는 두뇌의 총명, 질병 예방과 치료에도 효과가 있다.

절을 매일 규칙적으로 108배 이상으로 하게 되면 고혈압 · 저혈압 · 위장병 · 변비 · 요통(디스크) · 신경쇠약 · 정신 질환 · 관절 쇠약 · 호흡기 질환 · 노이로제 · 빈혈 · 정력증강 · 신경성 피부병 등에 대단히 좋은 효과가 있으며, 예방에는 탁월한 효과가 있다고 한다. 우리 주변에는 질병으로 고생하고 가정이 화목하지 못하여 장애가 많은 사람이 정성으로 참회하고 절을 하여 마음을 항복 받고 장애를 물리친 경우가 많이 있다.

이 외에도 마음이 산란하던 사람도 절을 계속하면 산란하던 마음이 가라앉는다. 그리고 예불 할 때에는 나쁜 마음이 일어나지 않는다. 이렇게 마음이 가라앉기 때문에 주의력과 정진력, 그리고 지혜가 생긴다.

간단히 말해서 예배는 공경 · 겸양의 근본이며, 참회의 어머니이고, 복의 씨를 뿌리고 가꾸는 밭인 동시에 탐·진·치 삼독을 항복 받는 최고의 신행(信行)이다.

발심(發心)의 공덕

발심의 의미

발심이란 글자 그대로 마음을 일으킨다는 말이다. 어떤 목적을 이루겠다는 마음을 일으키는 것을 말한다. 이를테면 '미래를 위해 영어를 반드시 공부해야 겠다' 혹은 '건강을 위해 담배를 끊어야 겠다' 와 같은 어떤 생각을 일으키는 것도 발심이다.

그런데 불교에서는 이러한 조그마한 소망이 아니라, 궁극의 진리를 깨닫겠다는 마음, 즉 보리심(菩提心)을 일으키는 것을 발심이라고 한다. 그래서 발심을 다른 말로 발보리심(發菩提心)이라고도 부른다. 이 발심은 신심(信心)과 발원(發願)과도 깊은 관계가 있다.

모든 부처님과 보살들은 넓고 큰 원을 세워 그 원의 힘[願力]에 의해 태어나지만, 중생들은 자기가 지은 업의 힘[業力]에 의해 태어난다. 원의 유무(有無)와 대소(大小)에 따라 그 결과는 전혀 다르게 나타난다. 따라서 원(願)이 없으면 천불(千佛)이 출현하더라도 아무런 소용이 없다. 다시 말해서 부처님

56

의 가르침을 배우겠다는 마음을 일으키지 않는다면 비록 부처님이 이 세상에 출현하셨다고 할지라도 그 사람과는 아무런 상관이 없다. 그러나 깨달음을 이루겠다는 생각을 일으킨다면 언젠가는 그 목표에 도달하게 되는 것이다.

이와 같이 발심은 목적의 설정이기 때문에 매우 중요하다. 목표가 똑바로 설정되어야만 그 목표를 향해 바르게 정진할 수 있기 때문이다. 반대로 발심이 잘못되거나 불완전할 때에는 수행 자체도 제약을 받아서 올바른 자리에 나아갈 수가 없다.

이것은 일반 세속에서도 그대로 적용되는 가르침이다. 학생들은 대부분 신학기에는 열심히 공부하겠다고 각오가 대단하다. 그러나 얼마 지나지 않아서 처음 마음을 잃어버리고 중도에서 포기하고 만다. 이러한 것을 우리는 진정한 의미의 발심이라고 하지 않는다.

또한 어떤 불순한 의도에서 나온 마음은 자신을 망칠 뿐만 아니라 다른 사람에게도 막대한 피해를 가져다준다. 인터넷의 불건전한 사이트 개설, 고수익을 보장한다는 다단계 판매 등은 처음부터 불순한 의도에서 나온 것이다. 남은 망해도 나만 잘 되면 된다는 극도의 이기심에서 나온 것이다. 발심과 정반대되는 악심(惡心)의 발로인 것이다. 첫 단추가 잘못 끼어지면 전체가 빗나가기 때문에 처음에 일으키는 마음이 매우 중요하다.

그래서 대승불교에서는 보살의 중요한 실천덕목으로서 초

발심이 강조되었다. 특히 『화엄경』의 「초발심공덕품(初發心功德品)」에서는 처음 발심하는 공덕이 얼마나 수승한가에 대해 자세히 언급하고 있다.

이 경전에 의하면 "초발심의 공덕은 설하기 어렵고, 알기 어렵고, 분별하기 어렵고, 믿고 이해하기 어렵고, 증득하기 어렵고, 행하기 어렵고, 통달하기 어렵고, 생각하기 어렵고, 헤아리기 어렵고, 들어가기 어렵다."[30] 라고 했다. 이러한 열 가지 이유 때문에 초발심의 공덕에 대하여 말하는 것 자체가 어렵다는 것이다.

발심의 이유

그러면 발심은 무슨 까닭으로 일으키는가. 『화엄경』의 「이세간품(離世間品)」에서는 보살이 보리심을 일으키는 열 가지 이유를 자세히 설명하고 있다.

보살에게는 열 가지 보리심을 일으키는 인연이 있다. 무엇이 열 가지인가.

첫째, 일체 중생을 교화하고 조복(調伏)하기 위해 보리심을 발한다. 둘째, 일체 중생의 괴로움 덩어리를 없애 주기 위해 보리심을 발한다. 셋째, 일체 중생에게 갖추어진 안락을 주기 위해 보리심을 발한다. 넷째, 일체 중생의 어리석음을 끊어주

---

30) 초발심의 공덕은 ① 難說, ② 難知, ③ 難分別, ④ 難信解, ⑤ 難證, ⑥ 難行, ⑦ 難通達, ⑧ 難思惟, ⑨ 難度量, ⑩ 難趣入이라고 했다.

기 위해 보리심을 발한다. 다섯째, 일체 중생에게 부처님의 지혜를 주기 위해 보리심을 발한다. 여섯째, 모든 부처님을 공경하고 공양하기 위해 보리심을 발한다. 일곱째, 여래의 가르침에 따라 부처님을 환희케 하기 위하여 보리심을 발한다. 여덟째, 모든 부처님 육신의 잘 생긴 모습을 보기 위해 보리심을 발한다. 아홉째, 모든 부처님의 광대한 지혜에 들어가기 위해 보리심을 발한다. 열째, 여러 부처님의 힘과 두려움 없음을 나타내기 위해 보리심을 발한다.

이것이 열 가지 보리심을 발하는 이유이다. 이 외에도 『화엄경』의 여러 곳에서 발심의 이유를 여러 가지 비유를 들어 설명하고 있다. 하지만 대부분 앞에서 인용한 열 가지 이유에 포함되거나 중복되는 것들이다.

발심을 위한 네 가지 마음(四心)

『금강경』에서는 네 가지 마음에 머무는 것, 즉 주사심(住四心)을 발심이라고 한다. 네 가지 마음이란 광대심(廣大心), 제일심(第一心), 상심(常心), 불전도심(不顚倒心)을 말한다.

첫째, 광대심(廣大心)은 넓고 큰마음을 말한다. 모든 종류의 중생, 즉 구류(九類) 중생을 생각하는 것이 곧 광대심이다. 중생이 아집에 사로잡혀 나만 생각하니까 좁고 편협하다는 것이다. 중생들은 이기심 때문에 모든 중생이 있기에 더불어 내가 살아간다는 생각을 일으키지 못한다. 중생이 없다면 결국나도 살아가지 못한다. 그렇기 때문에 광대심을 일으켜야 하는 것이다.

둘째, 제일심(第一心)은 일체 중생을 위해 조그만 이익을 주는 것으로 만족하지 않고, 전부 해탈을 이루도록 하겠다는 마음을 내는 것을 말한다. 광대심을 일으킨 뒤에 일체 중생을 무여열반(無餘涅槃)으로 들어가게 하겠다는 제일심이 나온다.

셋째, 상심(常心)은 흔들림 없는 마음을 말한다. 이 상심이 높을수록 정신세계가 높은 사람이다. 반대로 이 상심을 일으키는 폭이 클수록 정신세계가 낮은 사람이다. 자리에 따라서 태도가 변하고 위치에 따라서 말이 달라지는 사람은 절대 믿어서는 안 된다. 중생을 제도할 때도 마찬가지다. 중생을 제도하기 전과 후의 마음이 같아야 한다. 춥거나 더울 때, 영광을 얻었을 때나 치욕을 당했을 때 역시 마음에 변화가 없어야한다. 죽을 때와 살 때도 같아야 한다. 오만과 비굴 등 이런 것이 시시각각으로 달라지는 사람은 가까이 할 사람이 못 된다. 상심을 잃어버린 사람이기 때문이다. 가난할 때를 잊고, 조금 형편이 풀렸다고 해서 나태해지는 사람은 상심을 지키지 못하기 때문에 절대로 복을 받지 못한다.

넷째, 불전도심(不顚倒心)은 뒤바뀌지 않은 마음이라는 뜻이다. 보살이 발심하여 공덕을 닦을 때 간혹 아상(我相), 인상(人相), 중생상(衆生相), 수자상(壽者相)이 나올 때가 있다. 그것은 전도된 마음이다. 이런 중생의 마음을 일으키지 않는 것을 불전도심이라고 한다. 이러한 네 가지 마음을 일으키는 것을 『금강경』에서는 발심[住四心]이라고 한다.

발심의 가장 큰 공덕은 발심으로 말미암아 궁극의 열반을
증득한다는 것이다. 그래서 『기신론』에 이르길, "보살들은 발
심하여 열심히 노력하기에 빨리 열반을 얻는다."고 했다.

수많은 대승경전 가운데 특히 『화엄경』에서 발심과 관련된
교설이 유난히 많다. 다음의 내용은 『화엄경』에 나오는 발심
의 공덕에 대한 여러 가지 비유 설법이다.

"보리심은 곧 큰길이니, 일체지(一切智)의 성(城)에 들어갈
수 있는 까닭이다. 보리심은 곧 정안(淨眼, viṣuddha-darśana은 사
물을 투시하는 청정한 눈을 말한다)이니, 바르고 그렇지 않은 도(道)
를 다 가려 볼 수 있는 까닭이다. 보리심은 곧 명월(明月)이니,
여러 백정법(白淨法, 맑은 성질. 즉 白法 혹은 善法을 말한다)을 다 성
취하는 까닭이다.

보리심은 곧 청정한 물이니, 온갖 번뇌의 때를 씻어내는 까
닭이다. 보리심은 곧 좋은 밭이니, 중생의 백정법을 자라게
하는 까닭이다. 보리심은 곧 온갖 부처님의 씨앗이니, 능히
모든 불법을 생기게 하는 까닭이다. 보리심은 자비로운 아버
지(慈父)와 같으니, 보살들을 훈도(訓導)하고 수호하는 까닭이
다. 보리심은 비사문(毗沙門)과 같으니, 온갖 가난을 없애는 까
닭이다.

보리심은 마니주(摩尼珠)와 같으니, 온갖 도리를 이루는 까
닭이다. 보리심은 현병(賢瓶)과 같으니, 온갖 선(善)의 희구(希
求)를 충족시키는 까닭이다. 보리심은 날카로운 칼과 같으

니, 온갖 번뇌의 나무를 잘라버리는 까닭이다. 보리심은 날카로운 도끼와 같으니, 온갖 괴로움의 나무를 찍어버리는 까닭이다. 보리심은 무기와 같으니, 온갖 고난을 방어하는 까닭이다.

보리심은 물건을 건지는 막대기와 같으니, 윤회의 바다에서 중생을 구제하는 까닭이다. 보리심은 큰 풍륜(風輪)과 같으니, 온갖 장애의 구름을 걷어 내는 까닭이다. 보리심은 총림(叢林)과 같으니, 보살의 여러 행원(行願)을 모아들이기 때문이다. 선남자야, 보리심을 문득 일으켜 이를 성취하면, 이런 무량한 공덕이 있느니라."라고 했다.

『발보리심경(發菩提心經)』에 이런 대목이 나온다. "세존께서 바라문에게 이르셨다. 내가 이제 큰 이익에 대해 설하리라. 그대는 마땅히 잘 들어라.

사람이 능히 보리심을 일으키면 이족존(二足尊)이 될 수 있다. 이것을 큰 이익이라고 부른다. 그보다는 못해도 전륜성왕(轉輪聖王)의 자리는 아주 존귀해서, 사대주(四大洲)를 통치한다. 만약 전륜성왕이 되고자 하면, 마땅히 보리심을 일으켜야 한다.

또 제석천(帝釋天)의 뛰어난 복보(福報)로 말하면 삼십삼천(三十三天) 중에 자재(自在)한다. 만약 제석천이 되고자 하면, 마땅히 보리심을 일으켜야 한다.

또 세상에 있는 대의왕(大醫王)은 온갖 병을 두루 고칠 수 있다. 만약 대의왕이 되고자 하면, 마땅히 보리심을 일으켜야 한다."라고 했다.

이처럼 보리심을 처음으로 일으키는 것은 마치 씨를 뿌리는 것과 같다. 그리고 보리심은 온갖 두려움을 제거해 주기도 한다는 것이다.

『화엄경』에 이르길, "내가 옛날 큰 보리심을 일으키지 않았을 때는 여러 가지 두려움이 있었다. 그러나 발심한 뒤로는 그것들이 다 멀리 떨어져 나갔다. 그리하여 이제는 놀라지도 두려워하지도 않으며, 겁먹지도 무서워하지도 않고, 온갖 마귀의 무리와 외도(外道)들이 깨뜨릴 수 없는 경지에 이르렀다."라고 했다.

또한 『화엄경』의 「입법계품(入法界品)」에는 선재동자가 51번째 선지식인 미륵보살을 찾아갔을 때, 미륵보살은 선재동자의 온갖 공덕을 칭찬하여 무량 중생에게 보리심을 발하게 하고, 선재동자에게 말하였다.

"착하다, 선남자여, 그대는 모든 세간을 이롭게 하기 위해, 일체 중생을 구호하기 위해, 모든 부처님 법을 부지런히 구하기 위해 위없는 보리심을 발한 것이다. 그대는 좋은 이익을 얻었고, 사람의 몸을 얻었고, 수명이 길고, 여래의 출현을 만났고, 문수사리 큰 선지식을 보았으니, 그대의 몸은 좋은 그릇이라 온갖 선근(善根)으로 윤택해졌다.

그대는 선한 법으로 유지되었으므로 이해와 욕구가 다 청정하였으며, 여러 부처님께서 함께 보호하고 염려한 바가 되었으며, 선지식들이 함께 보호해 주게 되었다.

왜냐하면, 보리심은 씨앗과 같아 모든 불법을 내게 하며, 보리심은 좋은 밭과 같아 중생들의 깨끗한 법을 자라게 하며, 보리심은 대지와 같아 모든 세간을 지탱하며, 보리심은 맑은 물과 같아 모든 번뇌의 때를 씻어 주며, 보리심은 태풍과 같아 세간에 두루 걸림이 없기 때문이다.

또 보리심은 타오르는 불과 같아 온갖 소견의 숲을 태우며, 보리심은 밝은 해와 같아 모든 세간을 두루 비추며, 보리심은 보름달과 같아 깨끗한 법이 다 원만하며, 보리심은 밝은 등불과 같아 갖가지 법의 광명을 발한다. 보리심은 큰 산과 같아 모든 세간에서 우뚝 솟아 있으며, 보리심은 부처님의 탑과 같아 모든 세간에서 공양할 바이다.

선남자여, 보리심은 이와 같이 한량없는 공덕을 성취하는 것이니라. 요약해 말하면, 보리심은 모든 불법의 공덕과 같다. 왜냐하면, 보리심은 보살의 행을 낳게 하니 과거 · 현재 · 미래의 여래가 모두 보리심에서 출현하기 때문이다. 그러므로 위없는 보리심을 내는 이는 이미 한량없는 공덕을 낸 것이며, 일체지(一切智)의 길을 널리 거두어 가짐이다."라고 했다.

『열반경(涅槃經)』에서는 "음식 · 의복 · 와구 · 의약 등 네 가지 물건으로 삼천대천세계의 중생을 공양한다 할지라도, 발심하여 깨달음의 지위(佛果)를 향해 나아감만 못하다."라고 했다.

중생에게 공양을 베풀어 얻는 공덕은 언젠가 다함이 있는 유루복(有漏福)이지만, 발심하여 깨달음을 이루는 것은 다함이 없는 무루복(無漏福)이기 때문이다.

　이상에서 살펴본 바와 같이, 모든 부처님과 보살은 일체 중생을 구제하기 위하여 발심한다. 어떤 특정한 개인이나 종족, 국가에 국한하지 않고 널리 남녀·노소·시간과 공간을 초월하여 모든 중생들에게 두루 베풀어주기 위해 발심하는 것이다.

　그래서 제불보살십종대은(諸佛菩薩十種大恩) 가운데 첫 번째도 발심보피은(發心普被恩)이다. 발심보피은이란 널리 중생을 구제하기 위해 발심한 은혜라는 뜻이다.

　흔히 '초발심시변정각(初發心時便正覺)', 즉 '처음으로 마음을 발했을 때가 곧 바른 깨달음이다'라고 말한다. 한마디로 발심이 있었기 때문에 궁극의 열반을 증득하게 된다는 의미다.

　그러면 발심을 한 뒤에는 구체적으로 어떻게 실천해야 하는가. 『우바새계경(優婆塞戒經)』에서는 다음과 같이 설하고 있다. "선남자여, 보리심을 일으키고 나서 해야 할 다섯 가지 일이 있다. 첫째는 좋은 벗을 가까이함이요, 둘째는 성내는 마음을 끊음이요, 셋째는 스승의 가르침을 따름이요, 넷째는 연민의 정을 일으킴이요, 다섯째는 부지런히 정진(精進)하는 일이다."

공양(供養)의 공덕

공양의 의미

공양(供養)이라는 말은 대략 세 가지 의미로 쓰인다. 국어
사전에 따르면, 공양이란 웃어른이 평안하도록 보살피어 잘
받드는 일, 절에서 부처님 앞에 음식물을 올림, 스님들의 식
사 등을 말한다. 하지만 원래 이 단어는 팔리어 뿌자(pūjā)를
번역한 말인데, 경의, 예배, 헌신적인 보살핌 등의 뜻을 갖
고 있다.

그리고 뿌자는 아미사 뿌자(āmisa-pūjā)와 담마-뿌자(dhamma-
pūjā) 두 가지 종류로 구분한다. 전자는 물질적인 공양인 재공
(財供)을 말하고, 후자는 정신적인 공양인 법공(法供)을 말한
다. 일반적으로 물질적인 베풂만이 공양이라고 생각하지만,
부처님께서는 두 가지 가운데 법공이 더 뛰어난 것이라고 강
조했다.

예로부터 인도에서는 물질적인 공양과 정신적인 공양 둘이
동시에 이루어졌다. 재가자는 자신이 행하지 못하는 범행(梵
行)을 출가자가 대신해 주기 때문에 출가자에게 필요한 물품

을 공급해 주고, 출가자는 자신이 수행하여 터득한 진리를 재가자에게 베풀어줌으로써 종교적으로 상호 작복(作福)과 복전(福田)의 기회를 제공해 주고 있다.

특히 물질적인 공양은 일반인들이 복을 지을 수 있는 통로로 활용되었다. 이러한 전통은 바라문교에서 비롯되었다. 바라문들은 그들의 전통에 따라 네 가지 주기로 삶을 영위한다. 이러한 전통에 따르면 자신들도 언젠가는 남에게 공양을 받지 않을 수 없다. 그래서 이러한 물질적 공양이 자연스럽게 널리 성행하게 되었다.

그런데 인도인들은 일반인보다 수행자에게 공양을 베풀면 더 큰 공덕을 받는다고 믿었다. 그래서 재가자는 네 가지 공양물들을 출가자에게 헌납했다. 네 가지 공양물이란 출가 수행자의 일상생활에 필요한 음식·의복·와구(침구)·의약 등을 말한다. 무소유의 삶을 영위하는 출가자라 할지라도 최소한의 생존에 필요한 물품들은 재가자의 시여(施與), 즉 공양에 의존할 수밖에 없기 때문이다.

또한 인도인들은 남에게 음식이나 의복 등을 공양하면, 그 공덕으로 내세에는 하늘나라(天界)에 태어나 행복한 생활을 누릴 수 있다고 믿었다. 그리고 존경과 공양을 받는 상대방이 뛰어난 사람일수록 그 보시 혹은 공양의 공덕은 한층 큰 것으로 생각했다.

『사십이장경(四十二章經)』에 나오는 다음과 같은 대목이 그 대표적인 예라고 할 수 있다.

"보통 사람을 백 사람 공양하기보다는 한 사람의 선인(善人)을 공양하는 공덕이 크다. 선인을 천 사람 공양하는 것보다도 오계(五戒)를 지킨 사람 한 사람을 공양하는 것이 낫다. 오계를 지킨 사람 만 명을 공양하는 것보다도 한 사람의 수다원(須陀洹)이라고 하는 최하위의 성자를 공양하는 쪽이 더 낫다. 백만의 수다원을 공양하는 것보다 한 사람의 사다함(斯陀含)이라는 성자를 공양하는 것이 더 낫다. 천만의 사다함을 공양하는 것보다도 한 사람의 아나함(阿那含) 성자를 공양하는 쪽이 낫다. 일억의 아나함을 공양하는 것보다도 한 사람의 아라한(阿羅漢)이라고 하는 불제자 최고의 성자를 공양하는 것이 더 낫다. 십억의 아라한을 공양하는 것보다도 한 사람의 벽지불(辟支佛)을 공양하는 쪽이 낫다. 백억의 벽지불을 공양하는 것보다도 한 사람의 정각자(正覺者) 부처님을 공양하는 공덕이 더 뛰어나다."

좀 과장된 표현 같지만 당시 인도인들의 생각을 그대로 반영한 것이라 할 수 있다.

불교에서는 최고의 성자를 아라한이라고 한다. 아라한이란 '자격 있는 사람', '공양에 합당한 사람'이라는 의미다. 즉 신자에게 공양을 받을 자격이 있는 가장 뛰어난 사람이라는 뜻이다. 아라한의 별명으로 복전(福田, puñña-khetta)이라는 말도 쓰인다. 이것은 아라한이 신자에게 공양을 받음으로 인해 그들로 하여금 공양의 행위에 대한 복(福)의 결실을 맺게 하는 밭으로 간주되었기 때문이다. 이 복의 밭에 의복과 음식 등의

공양을 비료로 뿌리면 그 밭에서 풍성한 복의 수확을 얻게 되
며, 위대한 사람일수록 우수한 복전이 된다는 것이다.

공양의 공덕

부처님께서 공양의 공덕에 대해 직접 언급한 대목이 『잡비
유경(雜譬喩經)』에 나온다.

"부처님께서 탁발하기 위해 어느 집 대문 앞에서 밥을 빌고
있었다. 그 집의 아내가 밥을 부처님의 발우에 넣고 예배를
드렸다. 부처님께서 말씀하셨다.

'하나를 심어 열을 낳고, 열을 심어 백을 낳고, 백을 심어
천을 낳고, 천을 심어 만을 낳고, 만을 심어 억을 낳나니, 오
늘의 선행으로 인해 진리의 도를 보게 되리라.'

그 남편이 믿어지지 않아서 말했다.

'한 발우의 밥을 보시한 것뿐인데, 어떻게 이런 복을 얻을
수 있겠습니까?'

부처님께서 말씀하셨다.

'반얀 나무〔니구타니(尼拘陀樹) 혹은 용수(榕樹)로 한역하는데, 인도
의 무화과나무로 아주 큰 교목이다〕를 보라. 높이가 4~5리(里)나
되고, 해마다 몇 만 석(石)의 열매를 떨구어 주지만, 그 씨는
겨자씨처럼 아주 작지 않은가? 땅은 아무 의식도 없는 존재
이건만 그 과보의 힘이 이와 같다. 하물며 생명을 지닌 사람
은 이보다 뛰어나지 않겠는가? 기뻐하며 한 발우의 밥을 부
처님께 바치는 경우, 그 복은 매우 커서 헤아릴 수 없느니라.'

이러한 부처님의 말씀을 듣고, 그 부부는 크게 깨달아 수다원과(須陀洹果)를 얻었다고 한다. 이 경전의 내용은 공양의 공덕을 반얀 나무에 비유하여 매우 사실적으로 설명하고 있다. 아무리 큰 나무라 할지라도 처음에는 아주 작은 씨앗에서 나온 것과 같이 한 발우의 밥일지라도 그 공양의 공덕은 한량없다는 가르침이다.

음식을 남에게 베풀어주면 상대방은 그 음식으로 말미암아 얼굴색이 밝아지고 즐거움과 힘을 얻으며 목숨을 지탱하게 된다. 마찬가지로 베푼 사람도 즉시 그와 같은 이익을 얻는다. 왜냐하면 남에게 그러한 공덕을 베풀어주었기 때문이다. 음식뿐만 아니라 무엇인가를 남을 위해 베풀어주었을 때 베푼 사람은 기쁨으로 충만하게 된다. 이것이 현세에서 공양을 베풀었을 때 얻게 되는 공덕이다. 이런 사람이 내세에 좋은 곳에 태어나게 되는 것은 지극히 당연한 것이다. 공양은 남을 위한 것일 뿐 아니라 자기 자신을 위한 것이다.

또한 『섭대승교왕경(攝大乘教王經)』에 다음과 같은 말씀이 나온다.

"선남자 선여인들이여, 만일 마음을 돌려 신앙하고 복을 닦고자 하면 세 가지 복밭(福田)이 있다. 첫째는 불보(佛寶)요, 둘째는 법보(法寶)요, 셋째는 승보(僧寶)이다. 승보를 공양하면 그 복이 백 배로 늘어날 것이요, 법보를 공양하면 그 복이 천 배, 불보를 공양하면 그 복이 만 배가 될 것이다. 이렇게 삼보를 공양하면 무한한 복이 되느니라. 앞으로 세상이 혼탁해질 때, 깨끗하고 좋은 복덕과 세상에 오래 살기를 원하고자 하는 사람이 있어서 삼보를 굳게 믿고, 이에 귀의하여 공양하면, 그 공덕으로 태어날 때마다 사람의 몸을 얻어서 왕위(王位)나 대신의 지위를 얻으며, 복록과 장수를 누릴 수 있다. 그리고 죽어서는 천상에 태어나 기쁨을 누린다. 또 부처님을 만나 가르침을 듣고, 바른 견해와 바른 믿음을 얻어, 부처님의 바른 지혜를 닦아 성스러운 행을 갖추어 보리를 조속히 증득하여 성스러운 해탈을 이루게 될 것이다."라고 했다.

그런데 이 경전에서 언급한 '세상이 혼탁해질 때' 란 말세(末世)를 의미한다. 말세가 되면 세상이 혼탁해진다고 한다. 이러한 말세의 다섯 가지 특징을 오탁(五濁)이라고 한다. 즉 ① 겁탁(劫濁, kalpa-kaṣāya)은 전쟁, 질병, 기근 등이 많은 것이다. 이를테면 시대적인 환경 사회의 혼탁을 말한다. ② 견탁(見濁, dṛṣṭi-kaṣāya)은 사상의 혼탁이다. 즉 혹세무민하는 온갖 주장들이 난무하는 것을 말한다. ③ 번뇌탁(煩惱濁, kileṣa-kaṣāya)은 번뇌가 치성해지는 것이다. 이를테면 악덕이 만연하는 것을 말한다. ④ 중생탁(衆生濁, sattva-kaṣāya)은 사람의 자질(資質)이 저하하는 것이다. ⑤ 명탁(命濁, āyuṣ-kaṣāya)은 수명이 짧아지는 것을 말한다.

『이띠붓따까(Itivuttaka, 如是語經)』에 의하면, 출가자와 재가자는 서로 의존한다. 출가자는 재가자로부터 필요한 물품을 제공받고, 또 위험에서도 보호를 받는다. 반면 재가자는 출가자를 만남으로써 진리에 대해 알게 되고, 선(善)에 이르는 길인

법(法)을 이 세상에서 실행하게 된다는 것이다.

『대방광여래부사의경계경(大方廣如來不思議境界經)』에 보면, "불(佛)에 공양하는 사람은 대복덕을 얻게 되며, 속히 아뇩다라삼먁삼보리를 성취하게 되고, 모든 중생들은 다 안락을 획득하게 된다. 또 법(法)에 공양하는 사람은 지혜가 증장되며, 법자재(法自在)를 증득하게 되므로 바른 모든 법의 실성(實性)을 요달하여 알게 된다. 그리고 승(僧)에 공양하는 사람은 한량없는 복덕과 지혜의 자량(資糧)이 증장하여 마침내 불도를 성취하게 된다."고 했다.

이와 같이 현세의 복덕과 공덕을 구함에 있어서 부처님과 수행승에 대한 공양보다 더 수승한 것이 없다. 그러므로 재가신자의 입장에서는 공덕을 쌓기 위하여 교단과 수행승이 없어서는 안 될 것이다. 물론 삶을 살아가는 방법을 가르쳐 주는 불·법·승 삼보의 성스러운 존재에 대한 존경의 마음과 공덕을 쌓는다는 관념은 명확히 구별되지 않는다.

그러나 엄밀히 분석하여 말하면 비구승단은 재가인이 공덕을 쌓기 위한 매체의 기능을 갖고 있다고 하지 않을 수 없다. 그러므로 수많은 훌륭한 수행승을 동시에 한 자리에 모시고 공경과 공양을 베푸는 공덕은 측량하기 어렵다.

불공(佛供)과 승공(僧供)

부처님께 올리는 공양을 불공이라 하고, 스님들에게 올리는 공양을 승공이라고 한다. 초기교단에서는 불공과 승공의 구별이 명확하지 않았다. 하지만 부처님 열반 후 교단에서는 불공과 승공이 엄격히 구별되었다. 이것은 교단의 경제생활과도 깊은 관련이 있었다.

대승불교 흥기(興起) 당시 불탑, 즉 부처님께 바쳐진 공양물을 스님들이 소유할 수가 없었다. 그래서 재가자들이 불탑을 관리하였다. 이처럼 불공과 승공은 서로 다르지만 공양의 복덕을 짓는다는 데에서는 그 의미가 동일하다.

현재의 상좌불교국에서는 불공과 승공을 크게 구분하지 않는다. 다만 그들은 현재 수행 중인 승려들에게 공양을 올리며 큰 복덕을 짓고자 하는 경향이 있다. 반면 대승불교국에서는 승려에게 공양한다는 의미보다 부처님께 공양을 올리면 스님들이 그것을 받아 가진다고 생각한다.

특히 한국불교에서는 불공이 큰 비중을 차지하고 있다. 한국불교의 의례도 예불과 불공, 즉 권공(勸供) 의식이 주류를 이루고 있다. 관념의 차이일지 모르나 여기에서 두 불교 전통의 차이를 발견할 수 있다.

참회(懺悔)의 공덕

참회의 의미

참회(懺悔)란 범어 까사마(Kaṣama)의 번역어로서 '용서를 빈다', '뉘우친다', '참는다(忍)'라는 뜻이다. 초기승단에서 음(婬)·도(盜)·살인(殺人)·대망어(大妄語)의 네 가지 무거운 죄〔四重罪〕를 범했을 경우, 참회의 기회가 허락되지 않았다. 곧바로 승단에서 추방되었다. 사중죄를 제외한 무거운 죄는 대중 앞에서 참회함으로써, 가벼운 죄는 한 사람 앞에서 참회함으로써 용서를 받았다.

이처럼 초기불교에서는 계율을 범했을 때, 참회를 통해 그 죄를 뉘우침으로 말미암아 수행에 도움이 되었고, 교단도 통제할 수 있었다. 『사분율(四分律)』의 "스스로 계를 범한 줄 알았을 때는, 곧 스스로 참회해야 한다."라거나, 『십송율(十誦律)』의 "죄가 있거든, 마음을 다해 뉘우쳐서 다시는 범하는 일이 없도록 해야 한다."라는 대목이 그 증거다.

그런데 대승불교의 참회는 일반적으로 자기의 죄를 인정하는 사람이 시방삼세의 모든 부처님께 귀의하고 참회하여 받아들여짐으로써 죄의 공포로부터 해탈되는 형태를 취하고 있다. 대승불교의 참회의 특징은 죄업을 소멸시키는 수단이라기보다는 참회 그 자체가 목표다. 따라서 대승불교의 참회법은 수많은 수행법 가운데 가장 먼저 닦아야 하는 것으로 되어 있다.

다시 말해서 불교에 처음 입문하는 사람은 먼저 참회법을 수행하여 과거세로부터 지은 바 업장을 소멸시켜야 한다. 또한 청정하고 미묘한 계를 받고자 하는 자도 반드시 참회법을 먼저 닦아야 한다.

진리를 깨달은 아라한들은 비록 행위는 하지만 업을 짓지 않는다. 하지만 중생들은 아직 진리를 깨닫지 못한 어리석음(無明)으로 말미암아 끊임없이 죄업을 짓는다. 이 때문에 참회문이 마련된 것이다. 『선가귀감(禪家龜鑑)』에 이르기를 '번뇌를 끊는 것은 이승(二乘: 성문과 연각)이고, 번뇌가 일어나지 않는 것이 큰 열반이다. 끊는 것은 능소(能所), 즉 능동과 피동 혹은 주체와 객체가 벌어지는데, 일어나지 않는 것은 함도 됨도 없다.'고 했다.

참회도 마찬가지다. 죄업을 짓고 난 뒤에 뉘우치고 후회하는 것은 차선(次善)이며, 처음부터 참회할 죄업을 짓지 않는 것이 최선(最善)이다. 그런데 잘못을 저지르고도 뉘우치거나 참회하지 않는 것은 영원히 윤회의 사슬을 벗어날 길이 없다.

비유하자면 병에 걸린 후 치료하여 완쾌된다고 할지라도 처음부터 병에 걸리지 않은 것만 못한 것이다. 질병을 미리 예방하여 병에 걸리지 않는 것이 가장 좋다. 그러나 병에 걸렸다면 하루빨리 치료하여 완치시켜야만 한다.

대승참회법의 종류

대승불교의 발전과 함께 참회법도 여러 가지 형식이 갖추어지고 교리 사상적으로도 체계화되었다. 그 유형별로 보아 현재 다소나마 유통되고 있는 것으로는 이종(二種)·삼종(三種)·삼품(三品)·오종(五種)·육근(六根) 등의 참회법이 있다. 그리고 종파별 또는 출가·재가별로 나름대로의 방식에 의해서 참회법이 실천되고 있다.

이종참회란 사참(事懺)과 이참(理懺)을 말한다. 사참은 일을 따라 분별하여 참회한다는 뜻이다. 그래서 수사분별참회(隨事分別懺悔)라고 한다. 즉 몸으로는 부처님께 예배드리고, 입으로는 찬탄의 게송을 외우며, 마음으로는 성스러운 모습을 그리면서 과거와 현재에 지은 바 죄업을 참회하는 것을 말한다. 일반적으로 참회라고 하면 사참을 뜻한다.

이참은 제법의 실상을 관찰하여 참회를 얻는 것으로서, 관찰실상참회(觀察實相懺悔)라고 한다. 대승의 유식사상가(唯識思想家)들은 유식(唯識)·유심(唯心) 등과 같은 말을 많이 사용했다. 이 유식학파들은 과거와 현재에 지은 모든 죄업들은 모두 마음에서 일어난 것일 뿐, 마음 밖의 것은 하나도 없다고 보고 있다.

이 유식에다 반야사상(般若思想)을 더하여 자기 마음이 본래

공적(空寂)한 것임을 알게 되면 죄상(罪相)도 역시 공적(空寂)에 불과하다는 것이다. 이와 같이 유식·반야의 입장에서 죄업의 실상(實相)을 관찰하여 죄를 멸하는 것을 이참이라고 한다.

그러나 이와 같은 이종·삼종참회는 상당한 이성과 사려(思慮)를 필요로 하는 것이며, 그 법식(法式) 또한 쉬운 것이 아니다. 그러므로 부처님의 명호(名號)를 부르면서 참회하는 쉬운 방법이있다. 그 대표적인 것으로 미타참법(彌陀懺法)·관음참법(觀音懺法) 등이 있는데, 한국불교에서는 이러한 참법이 널리 유통되고 있다. 이것은 불보살님이 인행시(因行時)에 세운 원(願)과 깊이 관련되어 있기 때문에 부처님의 명호를 일념(一念)으로 부르면, 모든 죄업이 남김없이 소멸되고 청정하게 된다는 것이다.

참회의 공덕

『점찰법(占察法)』 상권에 이르길, "처음 발심하여 선정과 지혜를 닦고 익히려는 자는 반드시 숙세(宿世)에 지은 바 악업에 대하여 많고 적음과 가볍고 무거움을 먼저 관찰하여야 한다. 만약 악업이 많고 두터운 자는 선정과 지혜를 닦고 익힐 수가 없으므로 마땅히 참회법을 닦아야 한다.

만약 참회하여 청정하지 않고 선정과 지혜를 닦고 익히게 되면 많은 장애 때문에 목적을 이루지 못한다. 오히려 마음을 잃어버리고 미치거나 혹은 삿된 마군과 외도(外道)의 괴롭힘을 당하거나 혹은 삿된 법[邪法]을 받아들이게 되어 잘못된 견해를 증장하는 수가 있다. 그러므로 마땅히 참회법을 닦아야 한다. 참회의 수행으로 계근(戒根)이 청정하게 되면 숙세의 무거운 죄도 가볍게 되어서 곧 모든 장애로부터 떠나게 된다.”[31]라고 했다.

『대승본생심지관경(大乘本生心地觀經)』「보은품(報恩品)」에 참회의 열 가지 공덕이 제시되어 있다.

“겁의 불이 세간을 파괴하여 수미산과 큰 바다를 태우듯이 참회가 번뇌의 땔감을 태우고, 참회가 하늘에 태어나게 하며, 참회가 사선락(四禪樂)을 얻게 하며, 참회가 마니 구슬을 내려주고, 참회가 금강의 수명을 연장하며, 참회가 상락궁(常樂宮)에 들게 하며, 참회가 삼계의 감옥을 벗어나게 하며, 참회가 보리의 꽃을 피우며, 참회가 부처님의 대원경지(大圓鏡智)를 보게 하며, 참회가 보배가 있는 곳〔寶所〕에 이르게 한다.

만일 능히 법과 같이 참회하는 이는 마땅히 두 가지 관문(觀門)에 의해 닦아야 한다. 첫째는 일을 보아 죄를 멸하는 문이요, 둘째는 이치를 보아 죄를 멸하는 문이다.”[32]라고 했다.

이 경에 의하면 결국 참회로 말미암아 번뇌를 끊고, 하늘에 태어남은 물론 네 가지 선의 즐거움〔四禪樂〕을 얻게 된다는 것이다. 그리하여 부처님의 지혜를 얻고 보배가 있는 곳, 즉 열

---

31) 大正藏 17권, pp.903~904.
32) “猶如劫火壞世間. 燒盡須彌幷巨海. 懺悔能燒煩惱薪. 懺悔能往生天路. 懺悔能得四禪樂. 懺悔雨寶摩尼珠. 懺悔能延金剛壽. 懺悔能入常樂宮. 懺悔能出三界獄. 懺悔能開菩提華. 懺悔見佛大圓鏡. 懺悔能至於寶所. 若能如法懺悔者. 當依二種觀門修. 一者觀事滅罪門. 二者觀理滅罪門.”〔大正藏 3권, p.303下.〕

반에 이르게 된다는 것이다. 참회가 수행의 시작임을 간접적으로 시사하고 있다.

『열반경』에서는 "먼저 악을 저질렀다 하여도 뒤에 이를 고백하며, 뉘우치고 나서는 부끄러워하여 다시 그런 악을 저지르지 않도록 해야 한다. 탁한 물에 마니주(摩尼珠)를 놓으면 마니주의 힘으로 인해 물은 곧 맑아진다. 그리고 안개나 구름이 걷히면 달은 곧 청명해진다. 악을 지었더라도 참회하는 경우에는 이와 같다. 그러므로 비록 죄를 범한 것이 있더라도 곧 참회해야 한다. 뉘우치고 나면 깨끗해지게 마련이다."라고 했다.

『화엄경』「보현행원품」에서는 "선남자여, 업장을 참회한다는 것은 보살이 스스로 생각하기를 '내가 과거 한량없는 겁으로 내려오면서 탐내는 마음과 성내는 마음과 어리석은 마음으로 말미암아 몸과 말과 뜻으로 지은 모든 악한 업이 한량없고 끝이 없어 만약 이 악업이 형체가 있는 것이라면 끝없는 허공으로도 용납할 수 없으니, 내 이제 청정한 삼업(三業, 몸과 입과 뜻을 말함)으로 널리 법계 극미진수 세계 일체 불보살님 전에 두루 지성으로 참회하되, 다시는 악한 업을 짓지 아니하고 항상 청정한 계행의 일체 공덕에 머물러 있을 것이다'라는 것이다."라고 했다.

이러한 참회의 정신을 한 게송으로 요약한 것이 참회게(懺悔偈)다. 즉 "지난 세상 제가 지은 모든 악업은, 무시(無始) 이래 탐심·진심·치심 때문입니다. 몸과 입과 뜻으로 지었사오니, 제가 이제 남김없이 참회합니다."[33] 이 참회문을 지성으로 암송하면서 자신의 잘못을 뉘우친다면 죄업을 소멸함은 물론 바라는 바 목적도 이룰 수 있을 것이다.

스승의 꾐에 빠져 999명의 목숨을 죽였던 살인마 앙굴리말라(Aṅgulimāla, 央堀摩羅)도 부처님께 귀의하고 깊이 뉘우쳐 참회하여 새로운 사람으로 다시 태어났다. 그는 지난 잘못을 깊이 참회하고 출가하여 정진하였다. 그 결과 나중에는 아라한과를 증득한 성자가 되었다. 참회의 대표적인 표본이 바로 앙굴리말라다. 그는 참회를 통해 살인마에서 아라한이 되었던 것이다.

---

33) "我昔所造諸惡業 皆有無始貪瞋癡 從身語意之所生 一切我今皆懺悔."

방생(放生)의 공덕

방생의 의미

방생이란 다른 이가 잡은 산 물고기·날짐승·길짐승 따위의 살아 있는 생물들을 사서, 산이나 물에 놓아 살려주는 것을 말한다. 방생은 살생과 반대되는 말이다. 살생을 금하는 것은 소극적인 선행(善行)이지만, 방생은 적극적으로 선(善)을 행하는 작선(作善)이다.

불교계에서 행하는 일부의 물고기 방생은 사회의 지탄이 되기도 한다. 생태계를 고려하지 않은 방생은 오히려 더 나쁜 결과를 초래하기 때문이다. 외래 어종(魚種)과 변화된 환경에 적응하지 못하는 어류를 방류할 경우 생태계의 균형을 파괴할 뿐만 아니라 수질 오염의 직접적인 원인이 되기도 한다. 이러한 이유 때문에 불교도는 물론 비불교도로부터 방생 자체가 비난을 받기도 한다.

이러한 방생은 권장할 일이 못 된다. 여기서 말하는 방생이란 죽어 가는 생명을 살려주는 것을 말한다. 물고기를 살려주는 것만이 방생이라는 고정 관념도 버려야 한다. 그리고 방생의 방법과 인식의 전환이 불교계에 요구된다. 방생은 자비심으로 죽임을 당할 어려운 처지에 놓여 있는 생명체의 목숨을 연장시켜주거나, 죽지 않고 살아갈 수 있도록 도와주는 데 그 참된 의미가 있다.

이를테면 겨울철 먹이를 구하지 못해 죽어가고 있는 야생 동물과 새들에게 먹이를 주는 것도 방생이다. 다시 말해서 생명체에 대한 무한한 자비심의 표출이 넓은 의미의 방생인 것이다. 사실 생명을 가진 것들은 모두 살기를 원한다. 다른 생물체로부터 죽임을 당하고 싶어 하지 않는다. 불교도는 일체의 생명체를 어여삐 여기기 때문에 하찮은 미물도 함부로 죽이지 않는다.

남방불교의 사원은 동물과 스님들이 함께 생활하는 공간이다. 필자가 머물고 있던 스리랑카의 사원에도 개가 약 30여 마리 있었고, 고양이는 50여 마리가 넘었다. 이러한 동물들을 돌보는 것도 스님의 의무 중 하나다. 그런데 어느 날 사찰에 황소 한 마리가 새 식구로 들어왔다. 어떤 재가 신자가 돈이 필요하여 자신이 기르던 소를 팔지 않으면 안 되게 되었다. 소 주인이 소를 팔 경우 그 소는 곧장 도살장에 끌려가서 죽게 된다. 주인은 소를 불쌍히 여겨 먼저 사찰의 신행 단체에 알린다. 신행 단체에서는 공금으로 우선 소를 사서 당장 죽음을 면하도록 해준다. 죽이지 않고 기를 새 주인이 나타날 때까지 사찰에 맡겨진다. 이렇게 가축의 생명을 연장시켜 주는 것도 사원의 한 기능이다. 이것을 남방불교에서는 무외시

(無畏施)라고 한다. 무외시란 글자 그대로 두려움을 없애 주는 보시라는 뜻이다. 즉 죽음의 공포에서 잠시나마 벗어나게 해 주는 것이다. 방생의 한 방법이다.

방생의 공덕

중화민국의 인광 대사(印光大師)는 방생을 하면 열 가지 큰 공덕을 받는다고 하였다. 인광대사가 지은 '방생십대공덕' [34] 을 우리말로 번역하여 소개한다.

첫째, 전쟁의 위험이 없다. 세상에서 일어나는 전쟁은 모두 사람들의 마음속에 죽이기를 좋아하는 마음이 있기 때문이다. 하지만 개개인이 불살생(不殺生)의 계율을 지키고, 나아가 방생을 하게 되면 생물을 사랑하는 마음이 생기게 되므로, 자연적으로 전쟁의 기운은 형체도 없이 소멸된다. 그러므로 방생은 이러한 전쟁의 위험을 막는 적극적인 운동인 것이다. 따라서 정치가나 교육자, 사업가들이 이것에 주의하여 힘으로나마 방생운동을 제창한다면 반드시 큰 효과가 있을 것이다.

둘째, 기쁘고 길상스러운 일들이 모두 모인다. 우리들이 자비의 마음을 한번만 일으켜도 그 몸에 기쁜 기운이 모이는데, 하물며 죽어 가는 생명을 놓아서 살려주는 방생을 행한다면 기쁘고 경사스러운 일이 생기는 것은 필연적인 원리이다.

---

34) 放生十大功德: 一者無刀兵劫. 二者集諸吉祥. 三者長壽健康. 四者多子宜男. 五者諸佛歡喜. 六者物類感恩. 七者無諸災難. 八者得生天上. 九者諸惡消滅. 十者永遠福壽.

셋째, 건강하고 오래 산다. 경에 이르되, "불살생의 계율을 지키고 방생한 사람은 두 가지 복덕의 과보를 받는다. 첫째는 장수(長壽)요, 둘째는 복이 많고 병이 없이 오래 산다."고 하였다.

넷째, 자손이 번창한다. 방생이란 하늘과 땅의 체성(體性)과 같아 태어남을 좋아하는 마음이다. 방생은 생명을 살려주는 것이므로 자손이 창성할 것은 당연하며, 자식 가운데에서도 남자를 얻는 경사를 맞게 된다.

다섯째, 모든 부처님께서 기뻐하신다. 일체의 생물을 부처님께서는 모두 자식과 같이 본다. 따라서 죽어 가는 한 생명을 구하면 바로 부처님의 한 아들을 구하는 것이 된다. 그러므로 부처님께서는 한결같이 크게 기뻐하시는 것이다.

여섯째, 은혜에 감응한다. 죽음에 임박한 생물을 구하여 살려주면 모두 크게 환희하여 은혜에 감응하게 되므로 만겁(萬劫)의 좋은 인연이 된다.

일곱째, 모든 재난이 없다. 자비로운 사람은 복덕이 날로 늘어나기 때문에 일체의 우환과 재난이 모두 형체도 없이 소멸된다.

여덟째, 천상에 태어난다. 불살생의 계율을 지키고 방생하는 사람은 내세에 사왕천에 태어나 끝없는 복을 누린다. 만약 이런 사람이 정토행(淨土行)을 겸하여 수행하면 곧바로 서방정토 극락세계에 왕생하며, 그 공덕은 실로 다함이 없다.

아홉째, 모든 악이 소멸된다. 현대는 극도로 위험한 시대이다. 잘못된 음주의 버릇과 성(性)의 문란 등이 그것이다. 그러나 방생하여 은혜에 보답하면 모든 악이 소멸되고 태평하게 된다.

열째, 복덕과 수명이 영원하다. 동물은 하급에서 고등으로, 인류는 야만에서 문명으로 나아가려고 한다. 이런 점은 동물과 인간이 서로 같다. 일반적으로 생물학자들이 말하길, 무릇 생물은 외계의 상태에 따라 변화한다. 사람들이 불살생계를 지키고 방생하는 것을 세세 생생토록 쉬지 않으면 착한 마음이 서로 상응하여 자자손손(子子孫孫)으로 서로 전하여 복덕과 장수를 누린다.

이상의 열 가지가 방생을 함으로써 얻게 되는 공덕이다. 인간은 본래 자기의 생명을 귀중히 여긴다. 동물이건 식물이건 모든 생명이 있는 존재는 모두 존엄한 것이다. 불교에서는 이러한 생명의 존엄성을 존중하기 때문에 살생을 금하고 있다.

그런데 전쟁과 싸움은 상대를 죽이려는 살생의 마음이 있기 때문이다. 그러므로 불교계에서는 널리 방생을 권해서 살생하려는 악의 씨를 뿌리 뽑고, 방생으로 자비의 마음을 기르는 것이다.

적석도인의 칠종방생

적석도인(赤石道人)은 다음의 일곱 가지 경우에는 꼭 방생을 하라고 권하고 있다.

첫째, 자식이 없는 사람은 반드시 방생하라. 세상 사람이 자식을 얻고자 약 먹기에 힘을 쓰나 한 평생을 먹더라도 효험을 보지 못하는 자를 흔히 볼 수 있다. 그러므로 "병이 있거든 약을 먹고, 자식이 없거든 방생하라."고 권한다. 천지의 큰 덕은 태어남이다. 진실로 남의 생명을 살려주면 곧 나를 살려주는 것이다. 방생을 하면 원하는 자식을 얻을 수 있다.

둘째, 자식을 잉태하면 반드시 방생하여 산모(産母)를 보전하라. 잉태하여 자식을 보는 것은 사람과 만물이 다르지 않다. 사람과 짐승도 모두 태어난 것이다. 새끼를 가진 짐승을 내가 구해 주는데, 나의 자식을 잉태하였음을 아시면 하늘이 어찌 보호하지 않겠는가.

셋째, 기도함에 반드시 방생하여 복을 많이 지어라. 태어남을 좋아하는 덕〔好生之德〕은 제신(諸神)과 부처님이 동일하다. 이러한 제신과 부처님의 호생지덕을 생각하여 죽임을 당할 처지에 놓인 생물들을 살려주어라. 만일 자신의 능력으로 어찌할 수 없을 때는 염불이라도 해주면 자연히 하늘이 감동하여 복을 얻음이 한량없을 것이다.

넷째, 미리 닦고자 하거든 방생부터 먼저 하라. 세간의 자선(慈善)은 방생보다 더 좋은 것이 없다. 내가 자비의 마음으로 방생하면 반드시 불보살님의 가피의 덕을 입을 것이다.

다섯째, 재계(齋戒)를 가짐에 반드시 방생하라. 모든 부처님과 보살들이 계율 지키는 것을 좋아하심은 만물의 자비심 두기를 바라기 때문이다. 일체 중생이 부처님의 아들 아님이 없다. 진실로 재계를 가지는 날에 방생하면 제불보살이 환희심을 낸다.

여섯째, 복록(福祿)을 구함에 먼저 방생하여 복을 쌓아라. 부귀명복(富貴冥福)은 요행으로 되지 않는다. 오직 복을 짓는 자 반드시 명복(冥福)을 얻는다. 사람이 어진 마음으로 생물을 어여삐 여겨 그 목숨을 구제해 주면 나의 구제를 입은 자가 기회를 보아 보답할 것은 당연한 이치다.

일곱째, 염불함에 반드시 방생부터 하라. 세상에 살면서 염불하는 사람은 자비심으로써 방생을 주로 하라. 생물을 구제함이 사람을 구제함보다 낫다고 할 수는 없다. 그러나 사람이 극형(極刑)을 범하는 것은 대부분 장난삼아 하지만 동물들은 무슨 죄로 참혹한 환난을 만나야 하는가.

연지 대사의 칠종불살생

앞에서 살펴본 적석도인은 방생을 권하였다. 하지만 연지 대사(蓮池大師)는 방생과 반대되는 살생을 하지 말라고 당부했다. 연지 대사의 일곱 가지 불살생에 대한 교훈은 안진호(安震湖) 스님이 편찬한 『석문의범(釋門儀範)』에 수록되어 있다. 하지만 고문체로 씌어졌기 때문에 현대인이 읽기에는 난해하다. 그래서 그 취지만 살리고 현대문으로 필자가 개작하였다.

첫째, 생일에 살생하지 말라. 자신이 출생한 날은 어머님께서 거의 죽을 뻔했던 날이다. 이 날에 결코 살생해서는 안 된다. 재계(齋戒)를 지니고 선행을 베풀어야 한다. 이러한 공덕으로 선망부모를 왕생케 하고, 현재 부모의 복덕과 수명이 증장(增長)하게 해야 한다.

둘째, 자식을 낳거든 살생하지 말라. 모든 사람이 자식을 잃으면 슬퍼하고, 자식을 얻으면 기뻐한다. 일체의 동물도 자기 새끼를 사랑한다. 내 자식의 출생은 기뻐하면서 남의 자식을 죽게 하는 것은 무슨 심보인가. 자식이 태어나는 날 남에게 적선(積善)하여 복덕(福德)을 짓지 못할지언정 도리어 살생업(殺生業)을 지어서야 되겠는가.

셋째, 제사 지낼 때 살생하지 말라. 망령(亡靈)의 기일(忌日)에 살생을 경계하여 명복을 빌어야 함에도 불구하고 도리어 살생하여 제사 지내는 것은 악업(惡業)만 증대시킬 뿐이다.

넷째, 혼례에 살생하지 말라. 결혼이란 새로운 가정의 시작이다. 삶의 시초에 살생하는 것은 잘못된 것이다. 또한 혼례는 좋은 날의 길사(吉事)인데, 이날 흉한 일을 행하는 것은 참혹한 것이다. 또한 결혼식을 하면 반드시 부부가 해로(偕老)하기를 축원한다. 사람은 해로하기를 원하면서 짐승의 목숨을 빼앗는 것은 인간들의 만행이다.

다섯째, 연회(宴會)를 베풀 때 살생을 말라. 손님을 맞이함에 정결히 마련한 채식과 다과로 정성껏 대접하면 된다. 연회를 핑계로 살아 있는 짐승의 목과 배를 갈라 비명소리가 진동하게 해서야 어찌 사람의 마음인들 좋겠는가. 식탁의 맛있는 고기는 도마 위의 살육에서 나온 것이다. 짐승의 원한을 나의 기쁨으로 삼아서야 되겠는가.

여섯째, 기도할 때 살생하지 말라. 사람들은 병이 들었을 때 기도하여 쾌차하기를 바란다. 남의 목숨을 죽여서라도 나의 목숨을 연장하고자 하는 것은 이치에 어긋나는 것이다. 이러한 행위는 결코 목숨을 연장하지 못하고 오히려 살생업만 더하는 꼴이다.

일곱째, 살생하는 직업을 갖지 말라. 세상 사람들이 먹고살기 위해서 살생하는 것을 직업으로 삼고 있지만 가능한 한 그러한 직업을 갖지 않는 것이 좋다. 살생하는 것을 직업으로 시작하면서부터 나쁜 과보를 받을 인(因)을 이미 지은 것이다. 어찌 내세의 악과(惡果)를 피할 수 있겠는가. 그러므로 어찌 생계를 꾸려갈 다른 방도를 찾지 않는가.

염불(念佛)의 공덕

칭명과 염불

염불(念佛, Buddha-manasikāra)이란 부처님을 마음속으로 생각하는 것을 말한다. 즉 부처님의 공덕이나 모습을 마음속으로 생각하여 잊지 않는 것을 말한다. 한편 칭명(稱名)은 부처님의 이름을 부르는 행위이다. 이처럼 염불과 칭명은 원래 다른 것이었다. 그러나 후세에 와서는 '나무아미타불' 등 불명호(佛名號)를 외우는 칭명을 염불이라 일컫게 되어 오늘에 이르렀다.

『열반경(涅槃經)』에 이러한 대목이 나온다. "부처님께서 가섭보살(迦葉菩薩)에게 이르셨다. 만약 선남자 선여인이 있어서 항상 지극한 마음[至心]으로 부처님을 한결같이 염송(念誦)한다면, 산림(山林)에 있거나 마을에 있거나, 또는 낮이건 밤이건, 앉았건 누웠건, 부처님들께서는 이 사람을 늘 눈앞에 있는 듯 보고 계시리라."라고 했다.

경전의 성립 시기가 후대일수록 부처님을 마음속으로 생각하는 순수한 염불은 칭명으로 변하고 있다. 순수한 의미의 염불의 기원이 될 수 있는 대목을 초기경전인 『이따붓따까(Itivuttaka, 如是語經)』에서 발견할 수 있다. 이 경에서 다음과 같은 취지의 내용을 부처님께서 직접 설하셨다.

"비구들이여, 한 비구가 나의 옷자락을 잡고 나의 뒤에서 나의 발자국을 밟는다 해도, 그가 만약 욕망의 격정을 품고, 성내는 마음과 잘못된 생각으로 방일(放逸)하여 깨달은 바가 없다면 그는 나에게서 멀리 있는 것이며, 나는 그와 멀리 떨어져 있는 것이다. 그 까닭은 무엇인가? 비구들이여, 그 비구는 법을 보지 않기 때문이다. 법을 보지 않는 자는 곧 나를 보지 않는 자이기 때문이다.

또 비구들이여, 혹 그 비구가 나를 떠나 백일 걸리는 먼 곳에 있더라도, 그가 만약 욕망의 격정을 품지 않고, 성내는 마음, 잘못된 생각을 품지 않고 방일하지 않아 깨달은 바가 있다면 그는 내 가까이 있는 것이며, 나는 그와 가까이 있는 것이다. 그 까닭은 무엇인가? 비구들이여, 그 비구는 법을 보기 때문이며, 법을 보는 자는 나를 보는 자이기 때문이다."

위에서 인용한 두 경전에 의하면, 부처님과 나와의 관계는 거리의 멀고 가까움이나 시간적 제약은 없다. 비록 부처님과 동시대인이라 할지라도 부처님의 가르침을 받아들이지 않았다면 그는 불교와 아무런 관련도 없다. 그러나 불멸 후 2,500여 년이 경과한 지금일지라도 부처님의 가르침을 믿고 실천한다면 부처님의 제자인 것이다.

염불의 진정한 의미는 부처님을 언제나 마음 속 깊이 생각한다는 것이다. '비록 나를 떠나 백일 걸리는 먼 곳에 있더라도' 능히 법을 보고 법을 따라 사는 자라면 '그는 내 가까이 있는 것이며, 나는 그와 가까이 있는 것'이라는 대목은 참으로 되새겨 볼 만한 가르침이다. 그러므로 염불은 곧 염법(念法, Dhamma-manasikāra)과 염승(念僧, Saṅgha-manasikāra)과 관련되어 있기 때문에 같은 의미로 이해해도 좋을 것이다.

염불의 공덕

『다라니 잡집경(陀羅尼 雜集經)』에서는 염불을 계속하면 다음과 같은 열 가지 이익이 있다고 기술되어 있다.

첫째, 밤낮으로 항상 모든 하늘의 큰 신장과 그 권속들이 몸을 감추고 수호한다. 둘째, 관세음보살 등과 같은 모든 큰 보살님들이 항상 보호하고 도와준다. 셋째, 언제나 모든 부처님께서 호념(護念)하시며, 아미타불께서는 항상 광명을 놓아 이 사람을 섭수(攝受)한다. 넷째, 일체의 야차, 나찰 등 악귀나 독사·독약 등이 모두 해치지 못 한다. 다섯째, 일체의 전쟁 또는 수재(水災)나 화재(火災), 원한에 의해 옥에 갇히거나, 억울한 죽음을 받지 않는다. 여섯째, 과거에 지은 모든 죄가 다 소멸되고, 억울하게 살해된 원한을 벗고 모두 다 해탈하게 된다. 일곱째, 밤에는 좋은 꿈을 꾸거나, 혹은 아미타불의 수승하고 묘한 금색의 법신을 친견하는 꿈을 꾸게 된다. 여덟째, 마음이 항상 기쁘며, 얼굴에 광택이 나고, 기력(氣力)이 충만하며, 하는 바 모든 일들이 이롭게 된다. 아홉째, 일체의 세상 사람들이 항상 존경하고 예배하기를 마치 부처님같이 공경하게 된다. 열째, 목숨을 마칠 때, 몸에는 아무런 병고(病苦)가 없고, 마음에는 두려움이 없으며, 바른 생각이 현실로 이루어지며, 아미타불이 모든 성중(聖衆)과 더불어 금대(金臺)로 맞아들여서 서방정토 극락세계에 왕생하게 되며, 영원히 생사윤회를 벗어나, 부처님을 친견하고 법문을 들어 보리도를 증득하여 미래제(未來際)가 다하도록 수승하고 미묘한 즐거움을 받게 된다.

이 외에도 염불의 공덕에 대해 언급한 문헌들은 수없이 많다. 여기서 몇 가지만 소개하면 다음과 같다.

『무량문미밀지경(無量門微密持經)』에서는 "항상 염불하는 사람에게는, 여러 가지 잘못된 견해[邪見]가 파고 들 틈이 없느니라."라고 했다.

『본사경(本事經)』에서는 "내가 중생들을 관찰컨대, 부처님을 염(念)치 않는 탓으로 악취(惡趣)에 떨어져 생사의 윤회를 받고 있다. 만약 이를 깨달아 길이 부처님을 생각하는 사람이 있다면, 불환과(不還果)를 꼭 얻어 미혹의 세계에 다시 태어나는 일이 없으리라."라고 했다.

『관불경(觀佛經)』에 이르되, "만약 지극한 마음으로 계념(繫念)하고 단좌정수(端坐正受)하여 부처님의 육신을 관상(觀想)한다면, 이 사람의 마음은 불심(佛心)과 같아져서 부처님과 다를 바 없게 된다. 그러므로 비록 번뇌 속에 있을지라도 여러 악에 물들지 아니하며, 내세 어느 땐가는 큰 가르침의 비를 오게 할 수 있을 것이다."라고 했다.

『십이불명경(十二佛名經)』에 의하면, "만약 부처님의 이름을 마음에 지녀 겁내는 마음을 일으키지 않고, 지혜가 있어서 왜곡됨이 없다면, 늘 부처님들 앞에 있게 되리라."라고 했다.

『보적경(寶積經)』에, "만약 어떤 사람이 날마다 여래의 이름과 공덕을 일컬어 말한다면, 이런 중생들은 능히 어둠을 떠나 점차로 온갖 번뇌를 불살라 버릴 수 있으리라."라고 했다.

『반야경(般若經)』에 의하면, "부처님을 삼가 잊지 않고 생각한다면, 반드시 생사에서 열반에 이를 수 있을 것이다. 만약 선남자 선여인이 한 번만이라도 부처님의 명호를 부른다면, 이런 사람들은 생사의 세계를 마칠 때까지 선근(善根)이 다하는 일이 없어, 천(天)·인(人) 중에서 부(富)와 행복을 항상 누리고 마지막에는 반열반(般涅槃)을 얻게 될 것이다."라고 했다.

고성염불십종공덕

앞에서 언급한 바와 같이, 불보살님의 명호를 부르는 칭명(稱名)과 부처님을 마음속으로 생각하는 염불(念佛)은 원래 다른 것이었다. 그러나 오늘날에는 칭명과 염불을 구별하지 않는다. 특히 우리 나라에서 염불이라고 하면, 아미타불의 본원력(本願力)에 의지하여 오직 일심으로 '나무아미타불'을 염하는 것을 말한다.

이 염불수행은 원래 정토종에서 시작된 것이다. 하지만 나

중에는 선사상(禪思想)과 결합하여 새로운 염불관(念佛觀)이 형성되었다. 즉 선과 정토가 둘이 아니라는 것이다. 이러한 사상적 접목으로 선가(禪家)에서는 자성미타(自性彌陀)와 유심정토(唯心淨土)를 부르짖게 되었다. 이러한 염불관을 조선시대의 청허 휴정(淸虛休靜, 西山大師라 함, 1520~1604) 스님도 그대로 계승하였다. 서산(西山) 스님은 그의 저서 『선가귀감(禪家龜鑑)』에서 이렇게 말했다.

"나무아미타불의 육자 법문은 윤회를 벗어나는 첩경이다. 그러므로 염불하는 자가 마음으로는 아미타불의 경계를 생각하여서 잊지 말며, 입으로는 아미타불의 명호를 칭송하여서 분명하게 흩어지지 말아야 한다. 이와 같이 마음과 입이 서로 상응하는 것을 염불이라고 이름한다.

아미타불은 시방삼세에 제일인 부처님의 명호이다. 이는 인행시(因行時)에 법장(法藏) 비구로서 세자재왕불(世自在王佛) 앞에서 48대원을 세우면서 '내가 부처를 이룰 때에 시방에 한량없는 세계의 인천들이 나의 명호를 열 번만 불러도 반드시 나의 극락세계에 태어날 것이다.'"라고 했다.

이러한 전통에 의해 선(禪)을 표방하고 있던 한국의 사찰에서도 조석으로 장엄염불(莊嚴念佛)을 염송한다. 이 장엄염불 가운데 고성염불십종공덕[35]이 나온다. 큰 소리로 염불하면

---

35) 高聲念佛十種功德: 一者功德 能排睡眠. 二者功德 天魔驚怖. 三者功德 聲遍十方. 四者功德 三途息苦. 五者功德 外聲不入. 六者功德 念心不散. 七者功德 勇猛精進. 八者功德 諸佛歡喜. 九者功德 三昧現前. 十者功德 往生淨土.

열 가지 공덕을 얻을 수 있다는 말이다. 열 가지란 무엇인가.

첫째, 능히 잠을 없애주는 공덕이 있다. 수면(睡眠)이란 잠이다. 불교에서는 수면을 본능적 번뇌의 일면으로 보고 있다. 즉 수면은 업력의 소산에 의한 습관인 것이다. 그러므로 수면이 지나치면 불성 계발의 장애물이 된다는 것이다. 그런데 염불을 하면 수면이 적어진다는 것이다. 밝은 각성이 고조되고 수면이 적어짐으로써 정신 활동을 고조할 수 있는 것이다. 이것이 고성염불의 첫 번째 공덕이다.

둘째, 천마가 놀래고 두려워하는 공덕이 있다. 마(魔)는 마라—빠삐만(māra-pāpiman)이란 범어의 줄인 음역이다. '마라'는 '죽이는 것', '죽게끔 하는 것'을 말하고, '빠삐만'은 '악(惡)'이라 번역한다. 그러므로 마라—빠삐만은 생명을 죽게 하고 악을 조장하는 것이라는 뜻이다.

그런데 선가(禪家)에서는 '마라'를 자신의 마음속에서 일어나는 온갖 번뇌로 보고 있다. 큰 소리로 불보살님의 명호를 부르면 염불삼매(念佛三昧)를 얻는다. 이 때에는 온갖 번뇌가 사라진다. 즉 마음이 움직이지 않기 때문에 번뇌, 즉 마라가 생기지 않는다. 이것을 일러 '천마가 놀래고 두려워한다'고 표현한 것이다.

셋째, 염불 소리가 온 시방에 두루 퍼지는 공덕이 있다. 일체의 염불은 묘음(妙音)이다. 따라서 염불의 소리는 자신의 수많은 신경과 세포에 진자(震子) 운동을 시킬 뿐만 아니라, 공간을 진동시켜 기를 맑게 해주고 다른 사람에게도 음파의 전달로 감동을 주고 마음을 가라앉게 해준다.

넷째, 삼도의 고통을 쉬게 하는 공덕이 있다. 삼도(三途)란 지옥·아귀·축생을 말한다. 삼도는 우리들의 마음속에 언제나 도사리고 있다. 이것이 표출될 때 괴로움으로 가득 차게 된다. 하지만 염불은 불을 끄고 화를 가라앉히고 응어리를 삭게 하는 소염제다. 그러므로 부처님을 마음으로 생각하고 큰 소리로 외우면 참회와 서원이 동시에 이루어지고 삼도의 고통이 사라지게 된다.

다섯째, 다른 소리가 들어오지 않는 공덕이 있다. 염불할 때에는 입으로는 큰 소리로 불보살님의 명호를 부르지만 귀로는 자신의 소리를 관(觀)하게 된다. 그러면 외부의 소리가 들리지 않고 마음이 집중된다. 이러한 원리로 큰 소리로 염불하면 그 사람의 귀에는 염불 소리만 들리고, 그 밖의 다른 소리는 들리지 않는다.

여섯째, 염불하는 마음이 흩어지지 않는 공덕이 있다. 큰 소리로 염불하면 염심(念心)이 흩어지지 않는다. '생각 생각이 떠나지 않는 마음(念念不離心)', '생각 생각이 이어지는 마음(念念相續心)'이 염불이다. 앞서 말한 바깥 소리(外聲)가 들어오지 못할 정도로 정신이 일도경(一道境)에 든다면 그는 반드시 염심이 흩어지지 않아 삼매(三昧)를 형성하게 된다.

일곱째, 용맹 정진하는 공덕이 있다. 일념으로 염불을 꾸준히 매일매일 반복하다 보면 흔들리지 않는 믿음의 마음이 생겨 더욱 정진하고자 하는 용기가 생기게 된다. 이러한 용맹정진으로 궁극의 목적을 성취하게 된다.

여덟째, 모든 부처님이 기뻐하시는 공덕이 있다. 부처님을 일념으로 생각하며 그 명호를 부르는데 어찌 불보살님이 기뻐하지 않겠는가. 어떤 사람이 일심으로 부처님의 명호를 부르면 모든 부처님이 기뻐하시겠지만, 실제는 염불하는 자신의 마음이 순일(純一)하여 말로 표현할 수 없는 환희를 느끼게 된다. 염불을 하는 동안에는 자기 자신이 곧 부처가 되기 때문이다.

아홉째, 삼매가 뚜렷하게 드러나는 공덕이 있다. 삼매는 무명이 없어지고 맑고 밝은 마음이 또렷또렷하게 나타나는 것을 말한다. 또한 삼매는 세 가지가 어두워진다는 것이다. 즉 탐(貪)·진(瞋)·치(癡) 삼독심(三毒心)이 잠잔다는 의미로 해석된다. 탐심이 자면 베푸는 마음이 생기고, 진심이 자면 자비심이 생기고, 치심이 자면 선정과 지혜가 생긴다.

열째, 정토(淨土)에 가서 태어나는 공덕이 있다. 염불 수행자가 목숨을 마친 뒤 정토에 태어난다는 것은 너무나 당연한 이야기다. 염불 수행자는 아미타불의 본원력(本願力)에 의해 서방정토 극락세계에 왕생하게 되기 때문이다. 이러한 신앙은 타력적이다. 그러나 불교의 자력신앙과 타력신앙은 중생의 근기에 따라 설한 방법의 차이에 불과할 뿐이다. 그러므로 오직 일념으로 열심히 정진하다보면 그 이치를 스스로 깨닫게 될 것이다.

간경(看經)의 공덕

간경의 의미

　간경(看經)이란 '경전을 본다'는 뜻이다. 즉 경전을 읽는 모든 행위를 일컫는 말이다. 그래서 간경이라는 말 대신에 풍경(諷經)·독경(讀經)·독송(讀誦)이라는 말을 사용하기도 한다. 이 용어들의 의미를 구별해 쓰는 경우도 있으나, 대개는 같은 의미로 사용하고 있다.

　불교에서 경전은 부처님의 말씀이요 교훈이며, 진리 그 자체라고 말할 수 있다. 경전은 부처님 열반 이후 정법을 전하는 보고(寶庫)로 여겨졌고, 신행의 지침으로 삼게 되었다. 원래 경전은 중생들에게 깨달음의 길을 널리 펴고자 하여 만들어진 것이다. 그래서 처음에는 경전을 통해 깨달음을 이해하고 그와 같이 실천하기 위해 읽었다.

　그러나 나중에는 읽고 외우는 그 자체가 하나의 수행법으로 인식되었다. 그리하여 부처님 앞에서 경전을 읽고 부처님의 덕을 찬탄하며 원하는 일이 속히 이루어지도록 발원하기도 하고, 또는 죽은 자를 위해 독경해서 그 공덕으로 극락세계에 왕생하기를 바라며 명복을 빌기도 하였다.

한편 불교경전은 단순한 책이 아니라 부처님의 진신사리로 여겼다. 그러므로 경전은 불상이나 불탑과 같이 예배의 대상이었다. 뿐만 아니라 책이 귀하던 옛날에는 경전 한 권이 갖는 의미는 각별했으며, 경전을 통하여 모든 교육이 이루어졌기 때문에 경전은 없어서는 안 될 중요한 것이다. 예로부터 우리 선인들이 경전을 통한 수행의 한 방법으로 간경에 지극한 정성을 보인 까닭도 이 때문이다.

간경의 공덕

『금강경(金剛經)』에서는 "만일 어떤 사람이 경을 듣고 받아 가져 읽고 외우며 쓰고 남을 위하여 설하게 한다면 그 공덕은 갠지스 강의 모래알과 같은 삼천 대천 세계에 가득한 칠보(七寶)를 보시하고 내지 갠지스 강 모래알 수와 같은 몸을 보시할지라도 경을 듣고 받아 가지고 읽고 외워 쓰고 남을 위해 설해 주는 공덕만 못하다."라고 했다.

『화엄경(華嚴經)』에서도 "만일 갠지스 강과 같이 많은 칠보탑을 쌓을지라도 잠시 동안 제 마음을 관하는 것만 같지 못하다. 칠보탑은 결국 부서져 티끌이 되지만 마음을 관하는 것은 마침내 부처가 되기 때문이다."라고 했다.

칠보로써 보시하고 몸으로써 보시하는 것은 복이 한량없이 많기는 하지만 이것은 모두 유위법(有爲法)이라 결국 생사 윤회를 면치 못하기 때문이다. 다시 말해서 경을 읽고 외우고 쓰는 것은 마음을 깨우치는 일이기 때문에 생사 유전을 벗어나게 해준다는 것이다.

세상 사람들은 눈에 안 보이는 무위(無爲)의 공덕보다는 눈에 보이는 유위(有爲)의 공덕을 더 중요시하는 경향이 있다. 실제로 경전을 읽고 외우면 어떤 공덕이 있는가.

『공덕경(功德經)』에서는 열네 가지 공덕을 들고 있다. 즉 "경전을 큰소리로 읽고 외우며 부처님을 생각하는 사람은 다음과 같은 공덕이 있다.

첫째, 능히 잠이 오는 것을 쫓는다. 둘째, 천마(天魔)들을 두렵게 한다. 셋째, 음성이 온 세계에 두루 퍼진다. 넷째, 지옥·아귀·축생의 고통을 쉬게 한다. 다섯째, 밖의 소리가 안으로 침입하지 못한다. 여섯째, 생각이 흩어지지 않는다. 일곱째, 용맹정진 할 마음이 생긴다. 여덟째, 모든 부처님들이 기뻐한다. 아홉째, 삼매를 얻게 된다. 열째, 정토에 가서 나게 된다. 열한 번째, 진리를 체득한다. 열두 번째, 법을 전하고 중생을 제도하게 된다. 열세 번째, 상호가 원만하여 진다. 열네 번째, 정신에 밝은 빛을 얻는다."라고 했다.

열네 가지 가운데 앞의 열 가지는 염불의 공덕에서 다룬 것이다. 염불과 독경을 같은 신행으로 이해했기 때문일 것이다.

한편 『법화경(法華經)』에서는 좀더 구체적으로 현세 이익의 공덕에 대해 언급하고 있다. 즉 "이 경을 갖는 사람은 첫째는 온갖 재난이 소멸되고, 둘째는 무명(無明) 번뇌가 소멸되며, 셋째는 소원을 성취한다."라고 했다.

그 이유는 무엇인가. 첫째, 온갖 재난이 소멸된다고 하는 것은 불경을 진실로 가져 읽고 외우는 이에게는 불도 능히 태우지 못하고, 물도 능히 빠뜨리지 못하며, 독도 능히 해치지 못하고, 칼도 능히 상하게 하지 못하며, 악한 귀신이 엿보지 못하고, 맹수도 침입치 못하며, 원수도 능히 보복치 못한다.

불 속에 있으면서도 불을 보지 못하고, 물 속에 있으면서도 물을 보지 못하며, 독과 칼, 악귀, 맹수의 공격을 받으면서도 그를 보지 않기 때문이다.

둘째, 무명 번뇌를 소멸한다는 것은 음욕이 많은 사람이 불경을 읽으면 음욕심(婬慾心)이 없어질 뿐만 아니라 그 마음이 도리어 청정심으로 변하게 된다. 진에심(瞋恚心)이 많은 사람이 경전을 읽으면 진에심이 없어질 뿐만 아니라 도리어 그 마음이 자비심으로 변하게 된다. 어리석음이 많은 사람이 경전을 읽으면 도리어 그 어리석음이 변하여 지혜심을 일으키게 된다.

이 세상의 모든 고통은 일과 이치에 대한 진리를 잘 모르고 오류를 범하며 그로 인해 생각이 캄캄하기 때문에 야기되는 것이다. 그런데 경전을 읽고 외워 그 뜻을 소상히 알게 되면 저절로 지혜가 생기기 때문에 온갖 재난과 무명 번뇌가 소멸됨은 물론 소원도 성취하게 되는 것이다.

셋째, 소원을 성취한다는 것은 부처님이 되고 싶은 사람이 경을 읽고 그렇게 발원하면 부처님이 된다. 벽지불을 원하면서 읽으면 벽지불이 된다. 아라한이 되기를 원하고 읽으면 아라한이 된다. 기타 대범천왕(大梵天王)·제석천왕(帝釋天王)·전륜성왕(轉輪聖王)을 원하면서 경을 읽으면 그렇게 된다. 오래 살기를 원하면 오래 살고, 건강하기를 원하면 건강해 진다. 부자가 되고 지혜롭기를 원하면 부자가 되고 지혜로워질 수 있다. 신통·무병·장수·재주·정토·자녀 얻기를 원하면 각각 다 그렇게 된다는 것이다.

왜냐하면 불법은 모두 한 생각을 다스리는 것인데, 그들 모든 인간의 길흉화복(吉凶禍福)과 빈부귀천(貧富貴賤)이 모두 이 한 생각 가운데서 만들어 지기 때문이다.

이와 같이 불경은 모든 부처님의 본체를 가리킨 길이고, 우리 마음의 체(體)와 상(相)과 용(用)을 밝혀 놓은 희망의 태양이요, 용기의 원천이다.

그러므로 독경을 하면, 첫째는 제 마음을 관달(觀達)하여 매사에 자재를 얻게 하는 좋은 방편이 된다. 둘째는 무료한 인생을 즐겁게 하여 삶의 의의를 찾게 만든다. 셋째는 우주 인생의 본령(本領)을 밝혀 사마(邪魔) 미신의 장난에 떨어지지 않고 양심 속에서 일생을 유유히 흘러가는 물처럼 살 수 있는 지혜를 얻는다. 넷째는 전통적 의식을 살려 인류문화에 한 점 홍옥(鴻玉)을 발견한다. 다섯째는 불법을 널리 펴 빛나게 하므로 인류 역사에 굳은 길잡이가 될 것이다.

실제로 경전을 읽고 외우면 자신도 모르는 사이에 큰 변화를 가져오게 된다. 이를테면 즐겁고 맑은 마음으로 경전을 읽으면 얼굴에서 빛이 나고 상호가 원만해진다. 또한 경전 읽는 소리를 듣고 즐거워하는 이는 저절로 제도되어 법을 전한 것이 된다. 뿐만 아니라 일념으로 독경하다 보면 저절로 삼매를 얻게 되고, 나아가 정토를 현현(顯現)하게 되며, 진리를 저절로 체득하게 된다.

이처럼 독경을 하면 모든 부처님께서도 기뻐하시게 된다. 반면 용맹한 마음으로 선행을 쌓아 가면 악을 즐기는 악마들은 저절로 두려운 생각을 낼 것이다. 또한 마음이 흔들리지 않고 밖의 소리가 안에 들어오지 못할 정도로 한 생각으로 전념하여 주의한다면, 그 소리는 전파를 타고 시방세계에 두루 하여 능히 삼도의 고통을 쉬게 하고도 남음이 있을 것이다.

이러한 종교적인 공덕 외에도 경전을 통해 부수적으로 많은 것을 얻을 수 있다. 대장경(大藏經)에는 없는 것이 없을 정도로 수많은 정보가 가득 실려 있다. 다만 그것을 꺼내어 쓸 줄을 모르고 있을 뿐이다. 대장경에 수록되어 있는 경전의 수량도 엄청나지만, 다루고 있는 주제도 매우 다양하다. 인간에 관한 문제라면 거의 다루지 않는 것이 없다고 할 수 있다. 경전은 우리들에게 바른 길을 제시하는 것이 목적이지만, 이야기를 전개하는 과정에서 동원된 설명들이 오히려 풍부한 내용들을 담고 있는 경우도 많이 있다.

대장경을 이곳저곳 뒤져서 읽고 있노라면, 끊임없이 뜻밖의 일들을 발견하게 된다. 천문·지리·광물·식물·동물·생리·위생·의학·약학·논리·심리·정치·경제·사회·가정·직업·풍속·습관 등 재미있는 화제가 얼마든지 있다. 우화(寓話) · 소화(笑話) · 설화도 무수히 있다. 아무리 읽어도 싫증나지 않는다.

그러므로 이미 읽어온 사람은 더욱 분발하여 독송을 게을리 하지말고, 또 나만 읽고 외우고 쓸 것이 아니라, 다른 사람들에게도 읽고 외우고 쓰도록 계도해야 할 것이다.

간경의 방법

이제 간경의 방법과 자세에 대하여 살펴보자. 경전을 읽기전에 먼저 몸을 깨끗이 하고 복장을 단정히 해야 한다. 몸을 깨끗이 하고 복장을 단정히 하는 것은 마음을 가다듬기 위해서이다. 그런데 경전을 드러누워서 읽거나 엎드려서 보는 것은 올바른 자세라고 할 수 없다. 경전을 읽을 때에는 우선 산란한 마음을 가라 앉히고 마음을 가다듬어 바르게 앉아서 읽어야만 된다. 그래야 경전의 말씀을 정확히 이해할 수 있게된다.

또한 경전을 읽을 때에는 마음속으로 그 의미를 되새겨야한다. 그리고 경전을 염불처럼 소리를 내어 읽기도 하는데, 이 때는 염불과 마찬가지로 자신의 소리를 놓치지 않아야 한다. 왜냐하면 경전은 글자로 읽어서는 안 되며, 마음으로 관조하면서 읽지 않으면 안 되기 때문이다.

서산(西山) 스님은 『선가귀감(禪家龜鑑)』에서 "경을 보되 자기 마음속으로 돌이켜 봄이 없다면 비록 팔만대장경을 다 보았다 할지라도 아무 소용이 없을 것이다. 이것은 어리석게 공

부함을 깨우친 것이다. 마치 봄날에 새가 지저귀고 가을밤에
벌레가 우는 것처럼 아무 뜻도 없는 것이다."라고 지적했다.
경전의 내용과 의미를 모르고 소리로만 읽는 것은 새의 지저
귐이나 벌레 우는 소리와 다를 바 없다는 가르침이다. 귀담아
들어야 할 대목이다.

송주(誦呪)의 공덕

다라니란 무엇인가?

송주(誦呪)란 주문(呪文)을 암송하는 것을 말한다. 주문은 곧 다라니(陀羅尼)를 가리킨다. 다라니(dhāraṇi)라는 말은 '총지(總持)'라고 번역하기도 한다. 어원적으로는 '법을 마음에 새겨 잊지 않음'이라는 뜻이다. 또한 다라니를 만뜨라(mantra)라고도 한다. 만뜨라를 '진언(眞言)'이라고 번역하기도 하는데, '허망하지 않은 언어'라는 뜻이다. 어원적으로는 '생각하는 도구'라는 말이다. 이 다라니는 신비한 주[神呪], 은밀한 주문〔密呪〕, 밀언(密言), 밝은 주문[明呪]이라고 불리기도 한다. 초기 경전에서는 기복적인 주문을 외우는 것을 금지하였으나 진실한 가르침을 마음에 새기게 하는 진언, 즉 다라니를 지송하는 것은 율장(律藏)에서조차 권장하였다.

다라니 지송, 즉 송주는 대승불교 수행법 가운데 가장 많이 활용되고 있는 것 가운데 하나이다. 특히 한국의 선사(禪師) 가운데는 다라니 지송을 일과로 삼는 경우가 많았다. 서산(西山) 스님은 그의 저서 『선가귀감(禪家龜鑑)』에서 "진언을 외우는 것은, 금생에 지은 업은 비교적 다스리기 쉬워 자기 힘으로도 고칠 수 있지만, 전생에 지은 업은 지워버리기 어려우므로 신비한 힘을 빌리려고 하기 때문이다."라고 했다. 이러한 서산 스님의 영향으로 많은 고승들이 선(禪) 수행에 앞서 다라니를 지송하여 번뇌 망상과 업장을 제거했다. 근세의 선지식 가운데 수월음관(水月音觀, 1855~1928) 스님과 용성진종(龍城震鍾, 1864~1940) 스님은 천수 다라니 지송으로 큰 깨달음을 이룬 분으로 유명하다.

한국의 불자들은 출가 재가를 막론하고 육자주(六字呪), 대비주(大悲呪), 능엄신주(楞嚴神呪) 등을 많이 암송하고 있다. 이들 각각의 주문을 외우면 어떤 공덕이 있는가에 대해 알아보자.

육자주의 공덕

육자주(六字呪)는 흔히 관세음보살 육자대명왕진언(六字大明王眞言)으로 알려져 있는 '옴마니반메훔'을 말한다. 밀교 교단에서는 이 진언을 주로 암송하고 있다. 자운(慈雲) 스님 편, 『마니예송(摩尼禮誦)』에 의하면, 육자주를 암송하면 다음과 같은 공덕이 있다고 한다.

육자대명왕진언은 관자재보살의 미묘한 본심이기 때문에 위없는 깨달음을 성취한 부처님도 오히려 알기 어렵고, 만나기 어려운 불가사의라고 했다. 만약 누구든지 이 다라니 중의 '옴' 자를 한 번 외우면 그 공덕은 죽은 뒤 천상세계에 유전하는 길을 막는다. 흔히 죽은 뒤에 천상세계에 태어나는 것을 좋은 것이라고 생각하기 쉽다. 하지만 이 천상세계도 윤회하는 육도 가운데 하나이다. 불교도의 궁극적 목표는 이 윤회로부터 완전히 벗어나는 것을 추구한다. 그래서 '옴' 자를 암송하면 '천상세계에 유전하는 길을 막아준다'고 한 것이다.

'마' 자는 악한 귀신들이 사는 아수라도에 윤회하는 것을 면한다. '니' 자는 인간 세상에 다시 태어나는 위험을 면한다. '반' 자는 축생들 가운데 윤회하는 고난이 없어진다. '메' 자는 능히 아귀 무리에 빠지는 고생을 벗어난다. '훔' 자를 한 번 외우면 죽은 후 지옥에 떨어지지 않는 공덕이 있어, 세세생생 영원토록 계속되는 생사의 고통에서 벗어나 극락세계에 왕생한다.

이 다라니를 외우면 수많은 불보살이 운집하고, 제천(諸天)과 용왕과 지신과 허공신들이 모여서 호위한다. 이 다라니를 외우면 세세생생에 쌓인 업장이 일시에 소멸되며, 백팔의 근본 삼매를 얻어서 속히 성불하게 된다. 또한 모든 재앙은 저절로 사라져 없어지고 무한한 복락을 항상 받게 된다. 이 다라니를 외우면 또 그 사람의 칠대(七代) 종족이 해탈하며, 몸속에 있는 모든 벌레들도 다 불퇴전 보살의 지위를 얻는다.

이 다라니를 외우면 그 사람이 청정한 지혜와 광대한 자비와 무진한 변재를 얻어서 육바라밀이 다 구족하여 모든 공덕을 원만 성취하게 된다. 그리하여 그 사람의 입에서 나오는 기운이 다른 사람의 몸에 닿으면 모두 불퇴전보살이 되어서 속히 성불하게 된다.

이 다라니를 몸에 지니고 있을 때 그 사람을 보는 사람들은 금강 불괴신을 보는 것과 같으며, 부처님이나 부처님의 탑을 보는 것과 같다. 이 다라니를 지닌 사람 몸이 다른 사람의 몸에 닿으면 그 사람이 속히 보살의 지위를 얻는다.

또한 이 다라니를 지닌 자가 사람이나 짐승들을 보면 그 사람과 짐승들이 모두 다 속히 보살의 지위를 얻어서 영원토록 생로병사에 따른 모든 고뇌를 면하고 불가사의한 대 해탈을 얻는다.

이 다라니를 몸에 지닌 사람도 이렇거든 하물며 항상 외우는 사람이야 어떻겠는가. 이 다라니를 붓으로 한편 쓰면 팔만 사천 대장경을 쓴 것과 같으며, 어떤 사람이 금은 칠보로써 미진수같이 많은 부처님들을 조성하여 예배 공양을 올려도 이 다라니 한 자를 쓴 공덕보다 못하다.

이상은 『대승장엄보왕경』과 서장(西藏)의 『관음경』에 나오는 말씀이다. 모든 불법이 다 불가사의하지 않음이 없지만 이 다라니는 불가사의 중의 불가사의이다. 변화무궁한 관자재보살의 미묘 본심인 이 다라니는 사생 육도를 헤매는 극악 중죄의 미혹한 중생들로 하여금 모든 중죄 업장이 일시에 소멸되고 광명의 크나큰 길을 얻어서, 생전에는 무한한 복락을 누리게 하며 사후에는 반드시 영원한 안식처인 극락세계에 나게 한다. 그뿐만 아니라 이 다라니를 외우고 지니는 공덕은 또한 수많은 중생들을 항상 이익되게 하며, 그 공덕은 시방 제불들도 다 설하지 못한다. 참으로 불가사의 중의 불가사의가 아닐 수 없다. 그러므로 지극히 만나기 어려운 이 다라니의 불가사의한 공덕을 깊이 믿고 항상 이 다라니를 열심히 외우면, 불가사의한 모든 공덕을 원만 성취할 것이다.

지금도 티베트의 수많은 라마승들은 밤낮으로 '옴마니반메훔'을 지송하고 있다. 그들 가운데는 '옴마니반메훔' 지송을 통해 초능력을 소유한 스님도 많이 있다. 물론 이러한 것이 불교의 궁극적 목표는 아니다. 하지만 다라니 지송을 통해 부수적으로 놀라운 신통력도 얻게 된다. 이 육자주의 지송 공덕은 말과 글로는 다 표현할 수 없다. 스스로 단 하루만이라도 지극한 정성으로 '옴마니반메훔' 즉 육자주를 암송해 보라고 권한다. 놀라운 변화를 스스로 체험할 수 있을 것이다.

인도에서 시작된 부처님의 가르침, 즉 불교는 크게 두 갈래의 전통으로 전승되었다. 하나는 인도를 중심으로 남쪽으로 전해진 남방불교, 즉 상좌불교이고, 다른 하나는 북쪽으로 전해진 대승불교이다. 이와 같이 두 전통의 불교로 분류하는 것이 일반적인 정설이다. 하지만 현재의 전세계 불교도의 분포와 영향력을 고려해 볼 때, 상좌불교와 티베트불교 둘로 양분되어 있다고 할 수 있다.

대승불교권인 중국·한국·일본의 불교가 세계 무대에서는 큰 영향력을 미치지 못하고 있는 것이 현실이다. 물론 티베트불교도 넓은 의미의 대승불교에 속한다. 하지만 티베트불교는 나름대로의 독자적인 위치를 차지하고 있다.

외국인 특히 서양인들이 상좌불교 아니면 티베트불교에 귀의하는 이러한 양극화 현상은 단순한 교리와 실천하기 쉬운 수행법을 갖고 있기 때문이라고 생각한다. 반면 중국·한국·일본의 불교는 교리와 실천법이 너무나 복잡 다단하다. 종파와 전통에 따라 의례와 수행법들이 각기 다르기 때문에 이방인이 받아들이기에는 어려운 점이 많다.

반면 상좌불교와 티베트불교는 이론[교리]과 실천[수행법]이 하나로 잘 정리되어 있다. 이를테면 상좌불교도의 주된 수행법은 위빠사나(Vipassanā 觀法)이고, 티베트불교의 주된 수행법은 다라니 지송, 즉 송주(誦呪)이다. 누구나 쉽게 배워 실천할 수 있는 수행법을 갖고 있는 것이다. 뿐만 아니라 누구나 직접 실천해 보면 당장에 그 공덕을 확인할 수 있기 때문에 많은 사람들로부터 크게 환영을 받는 것이다. 송주의 공덕은 후자의 수행법에 속한다. 이제 다시 대비주와 능엄신주의 공덕에 대해 알아본다.

대비주의 공덕

대비주(大悲呪)는 독송용 천수경에 나오는 신묘장구대다라니를 줄여서 부르는 말이다. 이 다라니를 지송하는 공덕에 대해서는 이미 널리 알려져 있다. 일반적으로 천수경 해석에 나오는 다라니 지송 공덕을 여기에 간추려 옮겨 놓는다.

"대비주는 불가사의한 위력과 공덕을 가지고 있다. 삼천대천세계 가운데 암흑처와 삼악도(三惡途) 중생들이 이 다라니를 들으면 모두 고통을 여의게 되고, 보살로서 아직 초주(初住)에도 오르지 못한 사람이 이 경을 들으면 초주는 물론 십주(十住)에까지 당장 뛰어 오르게 되고, 얼굴이 추예(醜穢)하고 병든 사람이 이 경을 읽으면 어진 의사와 좋은 약을 만나 묵은 병은 씻은 듯이 낫고, 새 몸은 금빛처럼 찬란하여 즉시 32호상 80종호를 갖추게 되어 모든 사람들의 존경과 귀의를 받을 수 있다.

만약 어떤 중생이 소원이 있어 3·7(21)일 동안 깨끗이 계율을 지키고 이 다라니를 외우면 반드시 소원을 이루며, 그의 악업 중죄가 모두 소멸되고, 죽은 뒤에는 즉시 연화국토(蓮華國土)에 태어나서, 다시는 태(胎)·난(卵)·습(濕)·화(化)의 몸을 받지 않는다. 그러므로 하물며 읽고 쓰는 자야 더 말할 것이 있겠는가.

경에 의하면, 이 다라니를 받아 지닌 사람이 길을 가다가 바람을 쏘이면, 그 몸이나 옷에 스친 바람으로 말미암아 그 중생의 일체 중죄 악업이 소멸되고, 항상 부처님 곁에 태어나 법문을 듣게 된다고 한다.

왜냐하면 이 사람은 광명을 갈무린 몸이니 모든 부처님들께서 항상 큰 지혜의 빛으로써 비추어 주는 까닭이다. 이 사람은 자비를 갈무린 몸이니 항상 다라니로써 일체 중생을 구제하여 보호하는 까닭이다. 이 사람은 두려움이 없는 몸을 갈무리고 있는 까닭이니, 용과 하늘의 선신들이 항상 보호하기 때문이다. 이 사람은 묘한 말을 감춘 사람이니 입에서 항상 다라니의 음성이 끊어지지 않는 까닭이다. 이 사람은 약왕(藥王)을 감춘 몸이니 항상 다라니로써 중생의 병을 고치는 까닭이다. 이 사람은 신통을 감춘 몸이니 모든 불국토에 자재하게 되는 까닭이다."

능엄신주의 공덕

『수능엄경(首楞嚴經)』제7권에 부처님께서 대불정능엄신주(大佛頂楞嚴神呪)를 설하시고 아난에게 말씀하시었다.

"이 부처님의 정수리 광명이 모여 이루어진 비밀한 주문은 시방의 온갖 부처님을 내는 것이다. 시방 여래가 이 주문으로 인하여 위없는 삼먁삼보리를 이룬다. 시방 여래가 이 주문으로 말미암아 마군(魔軍)을 항복 받고 외도(外道)를 이기며, 법문을 설하고, 수기를 주며, 중생을 제도하고, 불법을 유촉하며, 계율을 청정하게 한다. 그러므로 이 주문의 공덕은 아침부터 저녁까지 그치지 않고 항하사 겁이 지나도록 말하여도 다할 수 없다.

이 주문을 여래의 정수리라고도 이름한다. 너희 배우는 사람들이 윤회에서 벗어나는 도를 얻고자 하면서도 이 주문을 외우지 아니하고 몸과 마음에 장애가 없기를 바라는 것은 옳지 않다. 만일 여러 세계 여러 나라에 사는 중생들이 나무껍질이나 잎이나 종이 혹은 천에 이 주문을 써서 간직할 것이니, 설사 외울 수 없거든 몸에 지니거나 방 안에 두기만 하여도 독이 이 사람을 해치지 못한다.

이 주문은 금강장왕 보살의 종족들이 밤낮으로 따라다니면서 보호하기 때문에 어떤 중생이 삼매가 아닌 산란한 때일지라도 마음으로 생각하고 입으로 이 주문을 외우면, 이러한 금강왕들이 항상 이 사람을 보호할 것이다. 그런데 하물며 보리마음을 결정한 사람이야 말할 것이 있겠는가.

어떤 사람이 이 주문을 읽거나 외우거나 몸에 간직하면 이 사람은 처음 보리심을 낼 때부터 부처님 몸을 얻을 때까지 세세생생 나쁜 곳에 나지 아니하며, 천하고 가난한 곳에도 태어나지 않는다. 계를 파한 사람은 계를 청정하게 하며, 계를 얻지 못한 이는 계를 얻게 하며, 정진하지 못한 이는 정진하게 하며, 지혜가 없는 이는 지혜를 얻게 하며, 재계(齋戒)를 가지지 못하는 이는 재계를 이루게 한다.

어떤 중생이 한량없는 옛적으로부터 지은 죄업을 지금까지 한 번도 참회하지 못하였더라도 이 주문을 읽거나 외우거나 써서 가지면, 모든 죄업이 없어질 것이며, 오래지 않아서 무생법인을 얻게 된다.

어떤 사람이 소원이 있어 지극한 정성으로 이 주문을 외우면 소원이 이루어질 것이며, 나라나 지방에 싸움이나 기근이나 질병의 재앙이 있더라도 그 지방에 사는 중생들로 하여금 이 주문을 모시거나 예배하게 하면, 온갖 재앙이 모두 소멸하게 된다."

특히 이 능엄신주는 입적하신 성철 스님께서 일생 동안 지송한 것으로 알려져 있다. 지금도 성철 스님 문하에서는 조석으로 이 능엄신주를 주력하고 있다. 그들은 체험을 통해 이 능엄신주의 불가사의한 위신력을 알고 있기 때문이다.

보시(布施)의 공덕

보시의 의미

보시는 자비심으로써 다른 이에게 조건 없이 베푸는 것을 말한다. 이러한 보시에는 크게 재시(財施)·법시(法施)·무외시(無畏施) 등의 세 가지가 있다. 재시(āmisa-dāna)는 물질적인 베풂을 말하고, 법시(dhamma-dāna)는 가르침의 베풂을 말하며, 무외시(abhaya-dāna)는 두려움이 사라지게 해주는 베풂이다. 이 외에도 남방불교에서는 편안하게 해주는 베풂이라는 안온시(安穩施, khema-dāna)를 추가하기도 한다.

『대장부론(大丈夫論)』에서는 재시와 법시의 차이를 다음과 같이 기술하고 있다. "재시는 중생의 사랑하는 바가 되고, 법시는 중생의 공경·존중하는 바가 된다. 재시는 어리석은 사람의 사랑하는 바가 되고, 법시는 슬기로운 사람의 사랑하는 바가 된다. 재시는 재물의 빈궁함을 깨고, 법시는 공덕의 빈궁함을 깬다. 그러므로 이 두 가지 보시를 누가 공경하고 존중하지 않겠는가? 재시는 현실적인 즐거움을 주고, 법시는 천도(天道)와 열반의 즐거움을 주는 것이다."라고 했다.

『우바새경(優婆塞經)』에서는 보시하는 목적에 대하여 다음과 같이 말하고 있다.

"지혜로운 사람이 모든 것을 보시하는 것은 보은(報恩)을 위함도 아니며, 일을 구하기 위함도 아니며, 인색하고 탐욕스러운 사람을 지켜 줌도 아니다. 천인(天人) 속에 태어나 즐거움을 받기 위함도 아니며, 착한 명성의 유포(流布)를 위함도 아니며, 삼악도의 괴로움을 두려워함도 아니다. 남의 요구를 들어주기 위함도 아니며, 남보다 낫기를 위함도 아니며, 재물을 잃기 위함도 아니다. 많이 있기 때문도 아니며, 가법(家法) 때문도 아니며, 친근하기 때문도 아니다. 지혜로운 사람의 보시는 연민(憐愍) 때문이며, 남을 안락하게 해 주고자 하기 때문이다. 모든 성인의 도(道)를 실천하기 위해서이며, 온갖 번뇌를 깨고자 함이며, 열반에 들어 생존을 끊고자 하기 때문이다."라고 했다.

이와는 반대로 "만약 천상에 태어나기 위해 보시를 행한다든가, 명성(名聲)을 구하거나 돌아오는 과보를 바라거나 두렵거나 하기 때문에 보시를 행할 때는, 얻어지는 과보가 청정치 못하다."라고 『분별업상경(分別業相經)』에서 말하고 있다.

『선가귀감(禪家龜鑑)』에 이르기를, "가난한 이가 와서 구걸하거든 분수대로 나누어 주라. 한 몸처럼 가엾이 여기면 이것이 참 보시이다."라고 했다. 이처럼 보시는 대비심(大悲心)에서 나오는 것이다.

보시의 공덕

『월등삼매경(月燈三昧經)』에서는 보시의 열 가지 공덕36)을 나열하고 있다. 이 경전에 의하면, 보시는 아끼고 탐하는 마음을 쳐부수는 전초 진지이며, 바른 도에 들어가는 첫 관문이다. 그러므로 보살이 이 보시행을 행하면 열 가지 이익을 얻을 수 있다고 한다. 열 가지란 무엇인가.

첫째, 아끼는 인색한 마음을 항복 받는다. 보살행을 닦는 사람이 보시를 행하면 인색하여 아끼는 마음을 자연히 항복받게 된다. 그러므로 다시 인색한 마음이 싹트지 않는다.

둘째, 베푸는 마음이 계속하여 끊어지지 않는다. 보살이 보시를 행함에 비록 재물이 다하여 없을지라도 기쁘게 재물을 베풀어주고자 하는 마음이 끊어지지 않는다.

셋째, 재산에 대한 소유욕이 없다. 보살은 베푸는 마음이 한량없어 모든 중생과 나를 다르게 보지 않으므로 가진 바 재산을 평등하게 수용하기 때문에 내 것 네 것이라는 소유욕이 없다.

넷째, 부호(富豪)의 집에 태어나게 된다. 보살은 일체의 재물을 항상 베풀고 싶은 마음만 있을 뿐 인색하여 아끼는 마음이 없으므로, 내생에는 반드시 부호의 집에 태어나 재물과 보배가 구족하여 수용함에 궁함이 없게 된다.

---

36) 布施十種功德: 一者降伏慳恪. 二者捨心相續. 三者同其資産. 四者生豪富家. 五者生處施心現前. 六者四衆愛樂. 七者入衆不怯. 八者勝名流布. 九者手足柔軟. 十者不離知識.〔大正藏 15권, p.583下.〕

다섯째, 나는 곳마다 베풀고자 하는 마음이 여전하다. 보살이 금생에 보시를 행하였으므로 사후에도 나는 곳마다 다른 사람에게 베풀고자 하는 마음만 있을 뿐 인색한 마음은 전혀 없다.

여섯째, 모든 사람들이 사랑하고 즐거워한다. 보살은 이미 항상 베풀고자 하는 마음만 품기 때문에 아기고 미워하는 마음이 없다. 따라서 모든 사람들이 사랑하고 즐거워할 뿐 미워하거나 원망함이 없다.

일곱째, 대중과 함께 할지라도 두려워하지 않는다. 보살은 이미 모든 사람들이 사랑하고 즐거워하므로 대중과 함께 할지라도 스스로 두려워하거나 겁내는 마음이 없다.

여덟째, 훌륭한 이름이 널리 퍼진다. 보살은 이미 구하는 바 없이 보시만 행하므로 많은 사람들이 칭찬하게 되며, 그 이름이 널리 퍼진다.

아홉째, 손발이 유연해진다. 보살이 보시를 시작하여 사람들의 어려움을 건져주므로 손과 발이 유연해지는 등 32호상과 80종호의 원만 상호를 구족하게 된다.

열째, 선지식을 여의지 않는다. 보살이 스스로 처음 발심하여 보시를 행한 이후 항상 모든 불보살님과 선지식을 만나 친히 법문을 듣는다. 그러므로 제불보살님과 선지식을 여의는 일이 없다.

이상의 열 가지가 보시의 공덕이다. 아무런 바람 없이 또 그 어떤 상(相)에도 집착함이 없이 꾸준히 보시행을 하다 보면 자연적으로 얻게 되는 이익인 것이다. 그러나 위에 열거한 열 가지 이익을 얻겠다고 보시한다면, 이것은 이미 얻겠다는 상(相)에 걸리는 것이므로 진정한 보시가 되지 못한다. 다만 아무런 바람 없이 베풀다 보면 위에 열거한 열 가지 이익이 자기도 모르게 성취된다. 이것이 바로 참 보시의 정신이며 공덕인 것이다.

또한 『존나경(尊那經)』에서도 다섯 가지 보시의 공덕에 대하여 밝히고 있다. 경전의 내용을 읽어보자.

"세존께서 존나(尊那) 대존자(大尊者)에게 이르셨다. 만약 사람이 있어서 위대한 과보를 얻고자 하면, 이 공덕에 다섯 가지가 있음을 알아야 한다. 그리고 명성은 널리 미쳐 있고, 뜻은 자못 깊고 넓은 바가 있다. 만일 선남자 선여인이 진실한 마음을 일으켜 능히 이것을 갖추어 지닌다면 이 사람은 사위의(四威儀: 사람의 행동을 넷으로 나눈 것. 즉 行·住·坐·臥 승려는 이 네 가지를 계율에 맞게 해야 한다) 중에 끝없는 공덕을 항상 발전시켜 가는 것이 될 것이다.

다섯 가지란 무엇인가. 만약 큰 신심(信心)을 일으켜 원림(園林)과 못을 보시하여 사방의 스님들이 거니는 곳에 충당한다면, 이는 첫째의 끝없는 공덕이어서 위대한 과보가 있을 것이다. 만약 큰 신심을 일으켜 저 숲 속에 정사(精舍)를 세워 많은 스님들로 하여금 편안히 머물게 한다면, 이는 둘째의 끝없는 공덕이어서 위대한 과보가 있을 것이다. 만약 큰 신심을 일으켜, 저 많은 스님들의 정사 안에 의자·담요·옷과 이불 등 갖

가지 쓸 물건을 보시한다면, 이는 셋째의 끝없는 공덕이어서 위대한 과보가 있을 것이다. 만약 큰 신심을 일으켜, 저 정사 안에 재물과 곡식을 보시하여 많은 스님들을 공양한다면, 이는 넷째의 끝없는 공덕이어서 위대한 과보가 있을 것이다. 만약 큰 신심을 일으켜, 오고 가는 많은 스님들에게 필요한 물건을 항상 보시한다면, 이는 다섯째의 끝없는 공덕이어서 위대한 과보가 있게 될 것이다."

『우바새소문경(優婆塞所問經)』에 의하면, "세속 사람으로서 마음에 인색함이 없어서, 늘 의복·침구·약품·집·의자라든가, 내지는 도향(塗香)·말향(末香)을 모든 사문에게 보시하는 경우, 이 인연으로 말미암아 죽은 뒤에는 선취(善趣)에 태어나 천인의 몸을 받게 되며, 천중(天中)에서의 과보가 다해 인간계에 태어나더라도, 태어나는 곳마다 부귀를 마음껏 누리게 될 것이다."라고 했다.

『화엄경』에서는 보시의 공덕을 다음과 같이 설명하고 있다. "제어(制御)하기 어려운 인색한 마음을 제어하여, 재물을 베풀되 꿈과 같이 하고 뜬구름같이 해야 한다. 보시하는 집착 없는 마음을 키우는 경우, 이로 인해 지혜가 완성된다."라고 했다.

『광명경(光明經)』에서는 "보시하는 힘을 수행(修行)해 완성하면, 이 보시하는 힘으로 인하여 성불할 수 있게 된다."라고 했다. 또한 『유마경』에서는 "보시가 보살의 정토(淨土)다. 보살이 성불할 때, 온갖 것을 능히 베푼 중생이 그 나라에 태어난다."라고 했다.

『노지장자인연경(盧至長者因緣經)』에서는 "인색과 탐욕에 집착하면, 사람들과 신들이 천하게 여긴다. 그러므로 지혜 있는 사람은 응당 보시해야 한다."라고 했다.

『육취윤회경(六趣輪廻經)』에서는 "만약 경전의 가르침과 세속의 문전(文典)을 보시하면 박학한 큰 지혜를 과보로 받게 된다. 의약을 보시하면 편안하여 공포를 떠나게 된다. 밝은 등을 보시하면 그 눈이 항상 맑아진다. 음악을 보시하면 그 목소리가 아름다워진다. 침구를 보시하면 편안하고 즐겁게 자게 된다. 하인을 보시하면 시종(侍從)이 항상 주위를 에워싸게 된다. 좋은 밭을 보시하면 창고가 가득 차게 된다."라고 했다.

『금강경』에서는 "수보리야, 보살은 응당 이같이 보시하여 상(相)에 집착함이 없도록 해야 한다. 왜냐하면 보살이 상에 집착함이 없이 보시한다면, 그 복덕은 헤아릴 수 없는 까닭이다."라고 했다.

끝으로 『인과경(因果經)』에서는 "만약 가난한 사람이 있어서 보시할 재물이 없을 경우에는, 남이 보시를 행할 때에 함께 기뻐하는 마음, 즉 수희심(隨喜心)을 일으켜야 한다. 함께 기뻐하는 복덕의 과보[福報]는 보시하는 것과 같다. 이것은 아주 행하기 쉬운 일이다. 누구든지 실천 가능한 것이다."라고 했다.

지계(持戒)의 공덕

계율이란 무엇인가?

지계(持戒)의 중요성과 공덕에 대해서는 여러 경전과 역대 선지식들이 수없이 강조해 온 것이다. 지계의 중요성은 아무리 강조하더라도 지나침이 없다.

계율(戒律)이란 무엇인가. 계율은 계(戒)와 율(律)의 합성어이다. 계(sīla)는 불교의 수행에 들어가고자 하는 사람이 자발적으로 지켜야 할 도덕적 수행이며, 율(vinaya)은 승가의 질서 유지를 위하여 필요한 타율적인 행위 규범을 말한다. 따라서 계는 주체적이고 자율적인 성격을 지녔다. 반면 율은 타율적인 성격을 지녔다. 그러므로 계의 조항을 위반했을 때에는 벌칙이 없지만, 율의 조항을 위반했을 때에는 벌칙이 가해진다. 이러한 계와 율은 불교 윤리의 두 가지 측면으로 나타난다. 하나는 이행해야 할 계인 준수사항(cāritta)이고, 다른 하나는 삼가해야 할 율인 금지사항(vāritta)이다.

부처님께서 가르치신 중도(中道)는 어디까지나 진리를 추구하는 사람이 법(法)에 근거를 둔 생활방식을 자각하고 주체적으로 선택할 수 있는 행위였다. 그러한 생활 방식을 계(戒)라고 한다. 그러나 교단이 커지고 수행자가 많아지게 되면서 수행자 개개인의 자각만을 기대하기 어렵게 되고, 그 중에는 출가자로서의 훈련이 부족한 사람이나 전혀 자각이 없는 사람이 있었다.

따라서 수행자로서 허용될 수 없는 행위가 교단에 등장하게 되고, 그런 비행이 있을 때마다 부처님은 그것을 규제하여 금지조항을 만드셨다. 그러므로 불교의 율은 어느 때에 부처님께서 여러 가지 상황을 예측하고서 일시에 율장으로 제정하신 것이 아니라 필요에 따라서 그때그때 제정한 것을 모아놓은 것이다. 이것을 수범수제(隨犯隨制)라고 한다. 이렇게 수행자로서 개인적으로나 교단의 한 구성원으로서 지켜야 할 행위 규범을 율(律)이라고 한다.

결계십리(結戒十利)

그러면 계는 어떤 목적으로 제정된 것인가. 비구와 비구니의 비행을 막기 위해서이다. 불교의 출가자인 비구·비구니도 다른 종교의 출가자와 마찬가지로 사회에서 출가했기 때문에 대우를 받으며 사회인의 신시(信施)에 의해서 살아간다. 신앙의 대상으로서 불상이 아직 나타나기 전에는 출가자 자신이 신앙의 대상이 되어야 했다. 그리하여 사회인의 입장에서 출가자에게 특별히 요구되는 생활에서 일탈(逸脫)하는 행동이 계의 대상으로 된 것이다.

팔리 『율장(律藏)』에 의하면, 비구 227계, 비구니 311계의 하나하나에 똑같은 문장으로 된 결계십리(結戒十利, dasa atthavaso)가 붙어 있다. 계를 제정한 열 가지 목적 혹은 계를 지킴으로써 얻는 열 가지 이익이라는 의미다.

첫째, 승가의 화합을 위함이다. 둘째, 승가의 안락을 위함이다. 셋째, 나쁜 비구를 억제하기 위함이다. 넷째, 좋은 비구를 안락하게 하기 위함이다. 다섯째, 현세의 번뇌를 끊기 위함이다. 여섯째, 내세의 번뇌를 끊기 위함이다. 일곱째, 믿지 않는 자에게 믿음을 주기 위함이다. 여덟째, 이미 믿는 자에게 믿음을 증장(增長)시키기 위함이다. 아홉째, 정법이 오래 머물도록 하기 위함이다. 열째, 율을 소중히 하도록 하기 위함이다.

이러한 열 가지 목적 때문에 계율이 제정된 것이다. 다섯째의 비구가 가져서는 안 되는 현세의 번뇌라는 것은 욕염(欲染)으로 이루어진 세속생활에 대한 욕구를 의미한다. 여섯째의 내세의 번뇌 역시 비구가 가져서는 안 되는, 세속적으로 행복한 내세에 대한 욕구를 말하는 것이다. 일곱째와 여덟째는 비구가 계를 호지(護持)하는 것이 사회 일반인, 즉 재가인의 신심을 생기게 하며, 또 그 신심을 더욱 증장시키기 위한 것이다. 아홉째는 불교가 영원히 번영하도록 하기 위한 것이다. 열째는 율장의 규제, 즉 계에 대한 존중을 말하는 것이다. 이 열째는 다른 율에서는 '승가를 기쁘게 하기 위하여' 라고 되어 있다.

지계의 공덕

지계와 관련하여 『범망경(梵網經)』 보살계 서문에 "계(戒)를 지니면 어두운 곳에서 등불을 만난 것과 같고, 가난한 사람이 재물을 얻은 것과 같으며, 병자가 쾌차한 것과 같고, 갇혔던 사람이 풀려 나온 것과 같으며, 타향으로 헤매던 나그네가 고향집으로 돌아온 것과 같다."라고 했다.

『월등삼매경(月燈三昧經)』에 의하면, "지계는 깨달음의 근본이요, 도(道)에 들어가는 요긴한 문이다. 보살이 계율을 굳건히 잘 지키고 보호하여 가지면 다음과 같은 열 가지 이익37)을 얻는다."라고 설해져 있다.

첫째, 일체의 지행(智行)과 서원(誓願)을 만족한다. 보살행을 닦는 자가 금계(禁戒)를 능히 지키면, 몸과 마음이 깨끗하여 지혜와 성품이 명료할 뿐만 아니라 일체의 지혜로운 행과 일체의 서원이 만족하게 된다.

둘째, 부처님께서 배운 바와 같다. 부처님께서 처음 도를 닦으실 때 계율로써 근본을 삼아 깨달음을 증득하셨다. 그러므로 보살행을 닦는 자가 정계(淨戒)를 굳건히 지키면 부처님께서 배운 바와 다르지 않다.

셋째, 지혜 있는 사람이 비방하지 않는다. 보살행을 닦는 자가 계행(戒行)이 청정하여 몸과 입으로 짓는 허물이 없으면,

---

37) 持戒十種利益: 一者滿足智願. 二者如佛所學. 三者智者不毁. 四者不退誓願. 五者安住正行. 六者棄捨生死. 七者慕樂涅槃. 八者得無纏心. 九者得勝三昧. 十者不乏信財. 〔大正藏 15권, p.584上.〕

지혜 있는 사람이 기뻐하고 즐거워하며 찬탄할 뿐, 헐뜯거나 비방하지 않는다.

넷째, 원을 세워 물러나지 않는다. 보살행을 닦는 자가 정계를 굳건히 지키면, 깨달음을 증득하고자 하는 크고 깊은 서원을 세워 용맹 정진하므로 물러서지 않는다.

다섯째, 바른 행으로 편안하게 머문다. 보살행을 닦는 자가 계율을 굳건히 지키면, 몸과 입과 뜻이 모두 깨끗해져 바른 행으로 편안히 머문다. 그러므로 다시 계율을 버리는 일이 없다.

여섯째, 생사를 벗어버린다. 보살행을 닦는 자가 정계를 받아 가지면, 살생·투도·사음·망어 등의 업을 짓지 아니한다. 그러므로 생사를 뛰어 넘어 윤회의 고통을 영원히 벗어난다.

일곱째, 열반의 즐거움을 사모한다. 보살행을 닦는 자가 계율을 굳건히 지키면, 모든 망상을 끊어 버린다. 따라서 생사의 괴로움도 매우 싫어한다. 반면 열반의 즐거움을 기뻐하고 사모한다.

여덟째, 얽매임이 없는 마음을 얻는다. 보살행을 닦는 자가 계덕(戒德)이 뚜렷이 밝으면, 몸과 마음에서 깨끗한 광택이 난다. 또한 일체의 번뇌 업연(業緣)을 모두 다 해탈하였으므로 다시 얽매임에 대한 근심이 없다.

아홉째, 수승한 삼매를 얻는다. 보살행을 닦는 자가 계율을 지켜 마음이 청정하여 산란심이 없으면 삼매를 성취한다. 따라서 성품(性品)이 선정(禪定)에 들어 앞에 드러나므로 모든 유루(有漏)를 초월하게 된다.

열째, 믿음과 재물이 부족함이 없다. 보살행을 닦는 자가 계율을 가지고 지키면, 모든 불법 속에서 살면서 바른 믿음을 갖추게 된다. 그러므로 태어나는 곳마다 일체의 공덕과 법시(法施)와 재시(財施)가 갖추어져 부족함이 없다.

또한 『선가귀감(禪家龜鑑)』에 이르기를 "만약 계행이 없으면 비루 먹은 여우의 몸도 받지 못한다. 하물며 청정한 지혜의 열매를 바랄 수 있겠는가. 계율 존중하기를 부처님 모시듯 한다면 부처님이 항상 곁에 계시는 것과 다를 바 없다."라고 했다.

부처님이 열반한 후에는 누구를 의지해 스승으로 삼아야 하느냐는 제자의 물음에 부처님은 '계로써 스승을 삼으라'고 하셨다. 부처님의 가르침인 계율을 지니면 부처님을 곁에 모시고 있는 것과 다름이 없다. '염불의 공덕'에서도 언급한 바와 같이 아무리 생전에 부처님을 가까이 모시고 있었더라도 그 가르침을 따르지 않았다면 결코 가까이 모셨다고 할 수 없다.

출가자는 물론 재가자일지라도 계를 잘 지키면 다섯 가지 공덕이 있다. 첫째는 원하는 법을 성취한다. 둘째는 지니고 있는 재물이 날로 불어난다. 셋째는 가는 곳마다 여러 사람들의 칭찬과 존경을 받는다. 넷째는 이름이 널리 드러난다. 다섯째는 죽은 뒤에 천계(天界)에 태어난다.

반대로 계율을 업신여기고 어기면 다음과 같은 일들이 생긴다. 첫째, 재물을 구해도 뜻대로 되지 않는다. 둘째, 재물을 다소 모아도 다시 손해를 본다. 셋째, 가는 곳마다 존경을 받지 못한다. 넷째, 추한 이름과 악한 소리가 가는 곳마다 퍼진다. 다섯째, 몸을 망치고 죽어서는 지옥에 떨어진다.

이와 같이 모든 허물은 계율을 지키지 않기 때문에 생기는 것이다. 반면 모든 선업과 복덕은 계율을 잘 지킴으로써 이루어지게 된다. 중생의 삶에서 성자의 삶으로 가는 유일한 길은 계율이다.

지금까지 살펴본 지계의 생활, 즉 올바른 행위는 내세에 좋은 곳에 태어날 수 있도록 해준다. 그러나 계를 받아 지니는 것은 내세를 위해서가 아니다. 현재의 우리들 삶을 청정하게 하는 데 더 큰 의미가 있음을 잊어서는 안 된다.

삼학(三學)의 관계

불교의 수행 덕목에는 여러 가지가 있다. 이들 모든 수행 덕목은 지계(持戒)·선정(禪定)·지혜(智慧)의 삼학(三學)에 귀속된다. 삼학은 윤리적 규범인 계(戒 sīla), 정신적 수행인 정(定 samādhi), 지혜의 연마인 혜(慧 paññā)의 구조로 이루어져 있다.

그러면 이 세 가지의 관계는 무엇인가. 『대반열반경(大般涅槃經)』에 의하면, "이러 이러한 계·정·혜가 있다. 계(戒)가 실천되었을 때, 정(定)의 큰 이익과 과보가 있다. 정(定)이 실천되었을 때, 혜(慧)의 큰 이익과 과보가 있다. 혜(慧)가 실천되면 마음은 번뇌, 즉 욕루(欲漏)·유루(有漏)·견루(見漏)·무명루(無明漏)로부터 해탈하게 된다."라고 했다.

이처럼 이 세 가지는 원형을 이루고 있다. 하지만 우리는 일반적으로 이 세 가지 가운데 지계가 가장 중요하다고 생각하고 있다. 왜냐하면 도덕적 규범은 보다 높은 정신적 성취를 위한 불가피한 기반으로 간주되고 있고, 도덕적 기초 없이는 어떠한 정신적 발전도 기대할 수 없기 때문이다.

일반적으로 계를 지킨다는 것은 '도덕적 행위'를 실천한다는 말이다. 지계를 다른 말로 '심신(心身)의 조절'이라고 표현할 수 있다. 계율을 지킴으로써 건강한 신체와 건전한 정신을 유지할 수 있기 때문이다. 이처럼 몸과 마음을 조절하는 것을 지계(持戒)라고 한다. 최상의 컨디션을 유지하기 위해서는 신체적으로는 건강하고, 정신적으로는 안정되어 있어야 한다. 그래야만 어떠한 일도 완전하게 수행할 수 있게 된다.

이를테면 수면 부족이라든가, 과로라든가, 과식이나 폭음이라든가, 질병이나 부상 또는 정신 쇠약 때문에 신체의 컨디션이 나빠지거나, 어떤 부도덕한 행위나 불의를 행하여 마음의 부담이나 불안 등이 생기면 정신이 안정되지 않는다. 정신이 안정되지 못하고 산란하면 창조적인 지혜가 나오지 않는다. 그러므로 계·정·혜 삼학 가운데 지계가 가장 중요하며 우선되어야 한다는 것이다.

그리고 이 세상에서의 온갖 비난과 지탄을 받는 것은 '잘못된 행위'로 말미암아 생긴다. 다시 말해서 계율을 지키지 않기 때문에 비난을 받는 것이다. 반면 '도덕적 행위'인 계율을 지키는 지계 생활을 영위하면 어떠한 비난도 받을 것이 없다. 오히려 칭찬과 찬탄 그리고 존경을 받게 되는 것이다.

지계와 위선(僞善)

계율을 지키는 것은 자기 자신을 위한 것이다. 결코 남을 위한 것이 아니다. 간혹 남의 눈을 의식해서 위선적으로 계율을 지키는 척하는 사람이 있다. 계율을 지키는 사람은 계의 향기[戒香]가 풍긴다. 반대로 계율을 지키지 않는 사람은 악취가 난다. 계율을 잘 지키고 있는지 아니면 그렇지 않는지는 그 사람의 얼굴에 그대로 나타난다.

위선으로 남을 속일 수 있다고 생각하는 것은 어리석은 짓이다. 마치 흡연자가 담배를 피우고 난 뒤 양치질하고 담배를 피우지 않았다고 거짓말하더라도 담배를 전혀 피우지 않는 사람은 그 사람의 몸에 배인 담배 냄새를 감지할 수 있다. 거짓으로 계율을 지킨다고 말하는 것은 자신과 남에게 아무런 이익도 가져다주지 못한다.

최상의 행복 혹은 위없는 행복, 즉 열반으로 가는 지름길은 계율을 지키는 것이다. 계율을 지키지 않고 최상의 행복을 얻을 수 있다고 말하는 것은 크게 잘못된 것이다. 행복해지고자 한다면 계율을 지켜라.

인욕(忍辱)의 공덕

인욕의 의미

인욕(忍辱)이란 아무리 곤욕을 당할지라도 참고 견디어 마음을 평정시키는 노력을 말한다. 상대방으로부터 어떠한 파괴적인 언설(言說)이나 행동으로써 이 쪽을 손상시킨다 하더라도 그 욕됨에 대해 꾹 참고 견디는 수행을 닦는 것이 곧 인욕이다.

흔히 고해(苦海)로 표현되는 이 세상, 즉 사바세계에서 살아가는 우리는 나 아닌 다른 사람에 대해 참고 견디는 동시에 사람 아닌 것에 대해서도 참고 견디지 않으면 안 된다. 다른 사람에 대하여 참는 경우를 생인(生忍)이라 하고, 사람 아닌 것에 대하여 참는 경우를 법인(法忍)이라 한다.

법인은 비심법인(非心法忍)과 심법인(心法忍) 둘로 나눈다. 비심법인은 극심한 추위나 더위 또는 강한 비바람과 같은 자연계의 여러 현상에 대해 참는 것을 말한다. 심법인은 병에 걸린다든가 하는 개인의 신상에서 일어나는 여러 가지 변화에 대해 법의 지혜로써 참고 견디는 것을 말한다.

이 외에도 보살이 수행을 거듭하여 부처의 경지에 이르는 과정에서의 인욕행의 정도에 따라 그 차이점을 나타내어 여러 가지로 분류하기도 한다.

인욕의 중요성

모름지기 수행자는 칭찬과 비난 둘 모두를 경계해야 한다. 부처님은 제자들에게 칭찬과 비난에 어떠한 동요도 있어서는 안 된다고 가르쳤다. 『숫따니빠따(Suttanipāta, 經集)』에서 부처님은 칭찬과 비난에 일희일비(一喜一悲)하는 사람은 진정한 수행자가 아니라고 지적했다.

"홀로 행하고 게으르지 않으며, 비난과 칭찬에도 흔들리지 않고, 소리에 놀라지 않는 사자처럼, 그물에 걸리지 않는 바람처럼, 진흙에 더럽히지 않는 연꽃처럼, 남에게 이끌리지 않고 남을 이끄는 사람, 현자들은 그를 성인으로 안다." 라고 했다.

이어서 부처님은 남들이 입에 침이 마르도록 칭찬하거나 욕을 하더라도 수영장에 서 있는 기둥처럼 태연하고, 애욕을 떠나 모든 감관(感官)을 잘 제어하라고 했다. 수행자는 지나친 칭찬에 우쭐해서도 안 되며, 지나친 비난에 의기소침해서도 안 된다는 것이다.

실제로 부처님은 참으로 참기 어려운 모욕을 당했으나 몸소 인욕함으로써 조복시킨 경우가 있다. 한때 찐짜(Ciñcā)라는 외도의 여인이 자신의 배에 바가지를 넣고 사문 고따마의 자식을 임신했다고 많은 대중 앞에서 공개적으로 부처님을 비난했다. 그러나 부처님은 조금도 동요하지 않았다. 부처님은 인욕으로써 모욕을 참았다.

이처럼 인욕행은 수행의 시작이자 마지막 관문이다. 비록 오랜 기간 수행을 통해 어느 정도의 경지에 도달했다고 할지라도 순간의 모욕을 참지 못하고 성내는 마음을 일으킴으로써 그 동안의 공부가 모두 수포로 돌아가는 경우가 허다하다.

특히 남에게 존경과 칭찬을 받던 사람이 어떤 계기로 인격적인 모욕을 받으면 이성을 잃어버리기 쉽다. 한 순간의 모욕을 참지 못하면, 그 동안 쌓아온 온갖 공덕이 순식간에 무너지고 만다.

부처님은 『숫따니빠따』에서 인욕의 중요성에 대해 이렇게 말씀했다.

"뱀의 독이 몸에 퍼지는 것을 약으로 다스리듯, 치미는 화를 삭이는 수행자는 이 세상(此岸)도 저 세상(彼岸)도 다 버린다. 뱀이 묵은 허물을 벗어버리듯이."

이와 같이 인욕은 차안에서 피안으로 건너가는 나룻배에 비유된다. 또한 인욕은 그 사람의 인물 됨됨이를 판단하는 기준이 되기도 한다. 욕됨을 참지 못하면 궁극의 목표를 이룰 수 없기 때문에 인욕은 수행에 있어서 매우 중요한 덕목이다.

인욕의 공덕

인욕의 공덕에 대해서는 너무나 많은 경론(經論)에서 되풀이하여 강조하고 있다.

먼저 『월등삼매경(月燈三昧經)』에 언급된 인욕의 열 가지 이익에[38] 대하여 살펴보자. 보살마하살이 자비로운 인욕〔慈忍〕에 안주(安住)하면 열 가지 이익을 얻게 된다. 무엇이 열 가지인가.

첫째, 불도 능히 태우지 못한다.

둘째, 칼도 능히 베지 못한다.

셋째, 독도 능히 해치지 못한다.

넷째, 물도 능히 떠내려가게 하지 못한다.

인욕행으로 화재(火災)·수재(水災)·도장(刀杖)·독약(毒藥) 등의 피해를 받지 않는다는 말이다. 어떻게 인욕행으로 이러한 자연 재해를 벗어날 수 있는지 의문이 생길 것이다. 그러나 여기서 말하는 화재나 수재 등은 실제적인 자연 현상이라기보다는 마음속에서 일어나는 온갖 번뇌와 갈등을 상징적으로 표현한 것이라 할 수 있다.

따라서 인간계의 온갖 번뇌와 갈등은 분함을 참지 못함으로 말미암아 야기되는 경우가 많이 있다. 그러나 이러한 내적·외적인 요인들을 참고 견디면 모든 문제는 자연적으로 해결된다. 그러므로 인욕이야말로 번뇌와 갈등을 제거하는 최선의 방책이라는 것이다.

---

38) 慈忍十種利益: 一者火不能燒. 二者刀不能割. 三者毒不能中. 四者水不能漂. 五者爲非人護.
六者得身相莊嚴. 七者閉諸惡道. 八者隨其所樂生於梵天. 九者晝夜常安. 十者其身不離喜樂.
〔大正藏 15권, p.584中.〕

다섯째, 비인(非人)의 호위를 받는다. 이것은 문자 그대로 사람이 아닌 천신이나 귀신의 보호를 받는다는 의미이다. 인욕행을 닦는 보살은 다른 사람이 아무리 해치려고 해도 노여워하거나 반응하지 않는다. 이는 자신의 마음속에 이미 자비심으로 가득하여 분심을 극복했기 때문이다. 이러한 인욕행자를 사람들은 물론 천신과 귀신까지 그 사람을 보호해 준다는 것이다.

여섯째, 신상(身相)의 장엄을 얻는다. 마음속에서 일어나는 온갖 번뇌를 인욕으로써 모조리 절복해 버렸기 때문에 그 사람의 신상은 거룩함으로 충만하게 된다. 다시 말해서 온갖 덕상을 갖춘 거룩한 몸이 되는 것이다.

일곱째, 모든 악도(惡道)에 가는 것을 막는다. 마음속에 탐·진·치 삼독이 있어야 악도에 떨어지는데, 인욕행으로 이를 극복해 버렸으니 어찌 악도에 갈래야 갈 수 있겠는가.

여덟째, 그 소원을 따라 범천(梵天)에 태어난다. 인욕행은 다른 말로 자신과의 싸움이라고 할 수 있다. 자신과의 싸움에서 승리한 진정한 의미의 승리자이기 때문에 그는 자신이 원한다면 범천에 태어날 수 있는 것이다.

아홉째, 밤낮으로 늘 편안하다. 분함과 갈등은 참지 못하기 때문에 생긴다. 그러나 마음속에 일어나는 분함을 극복한 자는 언제나 마음이 편안하다.

열째, 그 몸에서 기쁨이 떠나지 않는다. 인욕행자는 자비심으로 상대방을 이해하고 결코 남을 미워하는 마음을 일으키지 않는다. 인욕행으로 말미암아 언제나 안온(安穩)하고, 그 몸은 기쁨과 희열로 충만하게 된다. 그리고 대중들과 함께 할지라도 청정한 몸을 유지할 수 있으며, 모든 잘못과 장애가 없게 된다. 이것이 보살의 열 가지 자비로운 인욕에서 오는 이익이다.

또한 『법화경』에서는 온갖 모욕과 고뇌를 참고 어떠한 원한도 일으키지 않고 마음을 항상 안주시키면 외부로부터의 모든 장애를 방지할 수 있다고 한다.

이것을 옷에 비유하여 인욕의(忍辱衣)라 하며, 또 어떠한 화살이나 총탄이 날아올지라도 용감하게 돌진할 수 있음을 비유하여 인욕개(忍辱鎧)라고도 한다.

이것은 마치 연꽃이 더러운 물에 있되 이에 물들지 않고 본래의 청정함을 과시하듯이 인욕행을 통해 이 세상의 어떠한 고난이나 유혹도 물리치게 된다는 것이다. 그러므로 자신을 지키고, 나아가 부처님의 큰 법을 순조롭게 펴나가기 위해서는 우리 모두가 인욕의 옷을 입고, 인욕의 갑옷을 걸치지 않으면 안 된다.

『대보적경(大寶積經)』에 의하면, 인욕은 보살의 십력(十力)의 근본이요, 제불신통(諸佛神通)의 원천이라고 한다. 그리고 여덟 가지의 공덕이 있다고 했다. 인욕의 여덟 가지 공덕이란 무엇인가. 첫째는 온갖 지혜의 힘이 되고, 둘째는 항상 자신을 수호하고, 셋째는 큰 투구(大鎧)의 구실을 하며, 넷째는 좋은 약(良藥)과 같고, 다섯째는 능히 이기는(勝) 힘이 되고, 여섯째는 보배를 간직하는 것이며, 일곱째는 많은 것을 싣는 큰 배와 같고, 여덟째는 돌로써 닦은 길과 같다. 이와 같이 『대보적경』에서는 인욕행을 닦으면 보살의 열 가지 지혜의 힘과 모든 부처님의 신통력, 그리고 여덟 가지의 공덕을 성취한다고 했다.

또한 인욕을 통해 지혜를 완성하고 성불할 수 있다고 경전에서는 제시하고 있다. "부처님은 인행(忍行)을 널리 닦으셔서, 남 때문에 손발의 마디가 잘리어도 원망하는 마음을 일으키지 않음으로써 최상의 지혜를 완성하셨다."

여기서 말하는 최상의 지혜란 무상혜(無上慧)로서 완전무결한 부처님의 지혜를 말한다. 즉 완전한 깨달음을 일컫는 것이다.

『사십이장경』에는 다음과 같은 대목이 있다.

어떤 사문이 부처님께 여쭈었다.

"무엇이 힘이 많으며, 무엇이 가장 밝습니까?"

부처님께서 말씀하셨다.

"인욕이야말로 힘이 많다. 악을 품지 않는 까닭에 몸과 마음이 아울러 편안하고 건강할 수 있으며, 참는 사람은 악이 없기 때문에 반드시 부처가 될 것이다."

『제법집요경(諸法集要經)』에도 비슷한 교훈이 실려 있다.

"인욕에 안주하는 것, 이것이 최고의 치장이요, 가장 뛰어난 보배이니, 세속의 보배에 미칠 바가 아니다. 인욕은 뛰어난 양약(良藥)이어서 능히 노여움을 치료한다. 저 인욕의 힘 때문에 차차 노여움이 일어나지 않게 되는 것이다. 인욕은 공덕의 창고이므로, 착한 사람은 이를 지킴으로써 마음을 조복하여, 번뇌로 어지럽혀지지 않는다. 인욕은 천상에 태어나는 사다리여서, 윤회의 공포로부터 탈출하게 한다. 만약 이를 수행하면 지옥의 고통에서 벗어날 수 있게 된다. 인욕은 공덕의 물이어서 맑고 그득하여, 능히 아귀의 목마름을 구하고 축생의 죄악을 씻어준다."라고 했다.

『대집경(大集經)』에서는 육바라밀과 관련하여 인욕의 이익에 대하여 자세히 기술하였다. 경의 내용을 읽어보자.

"부처님께서 대중에게 이르셨다. 인욕은 세상에서 으뜸가는 것이니 안락에 이르는 길이다. 인욕은 몸을 지켜 주니 성자의 기뻐하는 바다. 인욕은 바른 의용(儀容; 몸의 자세가 바른 것, 즉 단정(端正)을 뜻한다)을 갖추게 하며, 인욕은 위력을 얻게 한다. 인욕은 세상을 비추며, 인욕은 기예(技藝)를 이루게 한다. 인욕은 원수·우뇌(憂惱)를 이기게 한다. 인욕은 용모를 좋게 한다. 인욕은 권속을 갖추게 한다. 인욕은 뛰어난 과보를 가져오게 한다. 인욕은 선취(善趣)에 가도록 한다. 인욕은 장수하게 한다. 인욕은 도위(道位)를 얻게 한다. 인욕은 중생을 해치지 않게 한다. 인욕은 도둑질, 도리에서 벗어난 성행위, 거짓말, 이간질하는 말, 꾸미는 말, 탐욕, 노여움 따위를 떠나게 하며, 인욕은 보시·지계·정진·선정·지혜를 이루게 한다. 이것이 바로 불법이다."라고 했다.

『선가귀감(禪家龜鑑)』에 이르기를, "참는 일이 없으면 보살의 육도 만행(萬行)도 이루어 질 수 없을 것이다."[39]라고 했다. 여기서 말하는 보살의 육도 만행이란 곧 보살이 행해야 하는 여섯 가지 바라밀을 말한다. 즉 보시·지계·인욕·정진·선정·지혜이다.

한마디로 참지 못하면 아무 것도 이룰 수 없다. 순간적인 욕됨을 참지 못하면서 큰 목표를 이룬다는 것은 불가능하다. 성공한 사람은 대부분 굴욕을 참고 견딘 자이다. 반면 실패자는 그 반대인 경우가 많다. 굴욕과 모욕을 참고 견디는 것이 인욕이다. 이러한 인욕행은 보살이 자기 자신과 이웃을 위해 세세생생 실천해야 할 덕목인 것이다.

3초의 여유

"승강기를 탔을 때 '닫기'를 누르기 전 3초만 기다리자. 정말 누군가 급하게 오고 있을지도 모른다. 출발신호가 떨어져 앞차가 서 있어도 경음기를 누르지 말고 3초만 기다려 주자. 그 사람은 인생의 중요한 기로에서 갈등하고 있었는지 모른다. 내 차 앞으로 끼어드는 차가 있으면 3초만 서서 기다리자. 그 사람 아내가 정말 아플지도 모른다. 친구와 헤어질 때 그의 뒷모습을 3초만 보고 있어주자. 혹시 친구가 가다가 뒤돌아 봤을 때 웃어 줄 수 있도록….

---

39) "若無忍行하면 萬行不成이니라." 〔『禪家龜鑑』, pp.126~127.〕

길을 가다가 아니면 뉴스에서 불행을 당한 사람을 보면, 잠시 눈을 감고 3초만 그들을 위해 기도하자. 언젠가는 그들이 나를 위해 기꺼이 그리 할 것이다. 정말 화가 나서 참을 수 없을 때 3초만 고개를 들어 하늘을 보자. 내가 화낼 일이 보잘것없지는 않은가. 차창으로 고개를 내밀다가 한 아이와 눈이 마주쳤을 때 3초만 그 아이에게 손을 흔들어 주자. 그 아이가 자라면 분명 내 아이에게도 그리 할 것이다.

죄짓고 감옥 가는 사람을 볼 때 욕하기 전 3초만 생각하자. 내가 그 사람의 경우였다면 어떻게 되었을까. 아이가 잘못을 저질러 울상을 하고 있을 때 3초만 말없이 웃어주자. 그 아이는 잘못을 뉘우치며, 내 품으로 달려올지도 모른다. 아내가 화가 나서 소나기처럼 퍼부어도 3초만 미소짓고 들어주자. 아내가 저녁엔 넉넉한 웃음으로 한잔 술을 부어줄지 모른다."

이 글은 인터넷 게시판에 올려진 글인데, 단어 몇 자만 고쳤다. 누구의 글인지는 모르지만 글쓴이의 넉넉한 마음을 읽을 수 있다. 인생의 의미를 어느 정도 체득한 중년 남성의 글인 것 같다. 인욕은 3초의 여유를 갖는 것에서부터 시작된다.

정진(精進)의 공덕

정진의 의미

불교는 깨달음과 닦음의 종교이다. 불교에서는 '어떻게 깨달으며 어떻게 닦을 것인가'라는 '깨달음과 닦음'의 문제를 중요하게 여긴다. 이 깨달음과 닦음의 이론을 수증론(修證論)이라 한다. 이처럼 불교에서 '닦음'을 강조하는 까닭은 깨달음과 직결되어 있기 때문이다. 깨달음 이전의 닦음이든 깨달음 이후의 닦음이든 모든 수행 과정상의 닦음 자체는 정진바라밀(精進波羅蜜)이다.

정진이란 용맹스럽게 착한 법을 닦고 악한 법을 끊는 마음의 작용을 말하며, 게으름(懶怠)의 반대말인 부지런함(勤勉)이다. 『화엄경소(華嚴經疏)』에서 "정진은 마음을 법대로 단련함을 정(精)이라 하고, 정심(精心)으로 목적을 달성하기 위해 힘쓰는 것을 진(進)이라 한다."라고 밝히고 있다.

불교에서 말하는 정진은 흔히 세상에서 말하는 무엇이든 노력한다는 뜻의 정진과는 그 차원이 다르다. 여기서 말하는 정진은 육바라밀 중의 하나로서 이 세상에서 가장 수승한 불법의 진리를 닦아 이를 널리 세간에 펴고자 하는 집중적인 노력을 말한다. 다시 말해서 정진은 불도(佛道) 완성에의 노력인 동시에 위없는 진리를 향해 쉼 없이 나아간다는 의미를 갖고 있다.

우리가 세속의 생활을 영위함에 있어서도 그 뜻하는 바를 관철하기 위해서는 피나는 노력이 뒤따라야 한다. 하물며 깨달음을 성취하고자 하면서 어찌 정진 없이 목적하는 바를 이룰 수 있겠는가? 그래서 부처님께서는 『열반경』에서 "게으름은 온갖 악의 근본이요, 게으르지 않음은 온갖 선의 근원이다."라고 강조했던 것이다.

정진을 의미하는 팔리어 단어는 위리야(viriya), 와야마(vāyāma), 앗빠마다(appamāda) 등이 있다. 위리야(viriya)는 원기, 노력, 정진, 힘 등의 뜻을 갖고 있다. 와야마(vāyāma)는 고투하다, 노력하다, 힘쓰다 라는 동사 와야마띠(vāyamati)에서 나온 말이다. 또한 앗빠마다(appamāda)라는 단어는 '주의 깊음', '열심', '진지함', '불방일(不放逸)'이라는 의미를 가지고 있다. 이 세 단어는 모두 '게으르지 않고 열심히 노력한다'는 뜻을 가지고 있다.

불교에서 정진이라는 말이 차지하는 비중은 매우 높다. 경전의 여러 곳에서 부처님은 기회 있을 때마다 제자들에게 정진을 강조했다. 깨달음의 일곱 가지 요소(七覺支, bojjhaṅga) 가운데 하나가 정진각지(精進覺支, viriya-sambojjhaṅga)이다. 여덟 가지 성스러운 길(八正道) 가운데 하나가 정정진(正精進, sammāvāyāma)이다. 그리고 수행의 다섯 가지 장애(五蓋, nīvaraṇa) 가운데 하나가 바로 '게으름과 나태'이다.

불교의 온갖 수행을 한마디로 정진이라고 할 수 있다. 모두 깨달음을 향해 앞으로 나아가기 때문이다. 특히 대승불교에서는 다양한 수행 방법들이 제시되어 있다. 이러한 수행 정진을 통해 궁극적으로는 깨달음을 성취하게 되는 것이다.

부처님께서 이 세상을 떠나면서 마지막 남긴 말씀도 바로 이 정진에 관한 가르침이다. 팔리어 『대반열반경』에서 부처님은 이렇게 말씀하셨다.

'비구들이여, 이제 주목하라. 나는 너희들에게 권고한다.
'조건지어진 모든 것은 쇠멸(衰滅)한다.
너희들은 열심히 노력하여 완성시켜라.'
(Vayadhammā saṅkhārā, appamādena sampādetha.)"

이 말씀의 핵심은 게으르지 말고 열심히 정진하라는 내용이다. 게으르지 않고 열심히 정진하다 보면 언젠가는 나(부처님)와 같이 너희들도 깨달을 수 있을 것이라는 말씀이다. 이 세상을 하직하면서 마지막으로 사랑하는 제자들에게 '열심히 정진하라'는 말 외에 무엇을 더 말할 수 있겠는가.

정진하는 이유

그러면 무엇 때문에 정진하는가. 정진함에 있어서 그 이유와 목적이 분명해야 한다. 만일 세속적인 탐·진·치 삼독을 증장(增長)시키기 위해 정진한다면 그것은 진정한 의미의 정진이라고 할 수 없다. 정진의 본래 목적에 위배되기 때문이다.

『화엄경』에서는 정진의 이유를 다음과 같이 설명하고 있다. "보살은 모든 악이 아직 생겨나지 않았을 경우에는, 그것이 생겨나지 않게 하기 위하여 부지런히 정진하는 마음을 일으켜 바로 끊는다. 모든 악이 이미 생겼을 경우에는 그것을 끊기 위하여 부지런히 정진하는 마음을 일으켜 바로 끊는다. 또 모든 선이 아직 생겨나지 않았을 경우에는 그것을 생겨나게 하기 위하여 부지런히 정진하는 마음을 일으켜 바로 수행한다. 모든 선이 이미 생겨났을 경우에는 그것에 머물러 잃지 않고, 다시 왕성하게 하기 위하여 부지런히 정진하는 마음을 일으켜 바로 수행한다."라고 했다.

이 교설은 사정근(四正勤, cattāri sammappadhānāni)을 말한 것이다. 사정근을 사정단(四正斷)이라고도 부르는데, 팔정도(八正道) 중의 정정진(正精進)에 해당된다. 요컨대 사정근이란 아직 일어나지 않은 선(善)을 생기게 하고, 이미 일어난 선을 증대시키며, 아직 일어나지 않은 악(惡)을 생기지 않게 하고, 이미 일어난 악을 소멸시키는 것을 말한다.

대승경전인 『육바라밀경』에서는 보살이 정진하는 이유를 다음과 같이 설명하고 있다. "보살은 하나하나의 중생을 위해서, 무량 겁에 걸쳐 근행 정진하여 목숨을 아끼지 않고 온갖 괴로움을 받는다. 그리고 나서야 더 없는 깨달음을 이루게 되는 것이다."라고 했다. 이 경전에 의하면 보살은 결코 자기 자신을 위해 정진하는 것이 아니라 중생을 위해 난행 고행을 자처한다는 것이다.

정진의 공덕

지금까지 우리는 정진의 의미와 그 이유에 대하여 살펴보았다. 이제 정진의 공덕, 즉 정진을 통해 얻을 수 있는 이익에 대하여 살펴볼 차례이다.

『월등삼매경(月燈三昧經)』에 의하면, 보살행을 닦는 사람은 쉼 없이 생각하며 올바른 목표를 향해 나아가기 때문에 게으름이란 있을 수 없으며, 자연적으로 열 가지 이익을[40] 얻게 된다고 하였다.

첫째, 다른 사람이 절복시키지 못한다. 도업(道業)을 성취하고자 끊임없이 정진하는 사람은 삿된 이론이나 망령된 계책(計策) 등의 침범을 받지 않는다.

둘째, 부처님의 섭수(攝受)를 받는다. 모든 범행(梵行)을 닦고자 끊임없이 정진하는 사람은 부처님께서 항상 거두어들여 보호해 줄 뿐 결코 버리지 않는다.

셋째, 사람이 아닌 것으로부터 옹호를 받는다. 모든 범행을 닦고자 게으름 없이 정진하는 사람은 어느 때 어느 곳에서든지 사람은 물론 사람이 아닌, 즉 귀신류(鬼神類)로부터도 옹호

---

40) 精進十種功德: 一者他不折伏. 二者得佛所攝. 三者爲非人護. 四者聞法不忘. 五者未聞能聞. 六者增長辯才. 七者得三昧性. 八者少病少惱. 九者得食能消. 十者如優鉢羅華. 〔大正藏 15권, p.584中.〕

를 받는다.

넷째, 들은 바 법을 잊어버리지 않는다. 모든 범행을 닦고자 게으름 없이 정진하는 사람은 법을 들어도 항상 억념(憶念)하고 수지(受持)할 뿐 결코 잊어버리지 않는다.

다섯째, 듣지 못한 것이라도 능히 듣게 된다. 모든 범행을 닦고자 용맹 정진하는 사람은 진리를 좋아하는 마음만 있을 뿐 싫어하는 생각이 없으므로 일찍이 듣지 못한 법이라도 능히 듣게 된다.

여섯째, 변재(辯才)가 늘어난다. 변재란 말을 조리 있게 잘하는 재능을 말한다. 계속적으로 정진하는 사람은 진리의 이치[法義]를 모두 통달하므로 변재를 얻게 된다. 또한 질문에 대한 대답을 함에 있어서도 의심과 걸림이 없게 된다.

일곱째, 삼매의 성품을 얻는다. 모든 범행을 닦고자 게으름 없이 정진하는 사람은 몸과 마음이 고요하고 적정해져 삼매를 얻게 된다. 그러한 사람은 결코 변천하는 현상계에 끌려다니지 않는다.

여덟째, 병이 적고 고뇌가 적어진다. 모든 범행을 닦고자 게으름 없이 정진하는 사람은 비록 밤과 낮으로 쉬지 않고 노력하지만 몸과 마음을 능히 잘 조절하므로 항상 몸과 마음이 가볍고 편안하다. 그러한 사람은 결코 병과 고뇌를 받지 않는다.

아홉째, 음식을 잘 조절하게 된다. 모든 범행을 닦고자 정진하는 사람은 음식을 지나치게 탐내지도 않고, 또한 지나치게 절제하지도 않는다. 따라서 적당량의 음식을 먹기 때문에 소화가 잘 되지 않아 염려할 필요가 없다.

열째, 푸른 연꽃과 같이 존경받는다. 우발라화(優鉢羅華, Utpala)를 청련화(青蓮華)·홍련화(紅蓮華)라 번역하는데, 연꽃은 진흙 속에서 피어나지만 때 묻지 아니하므로 세상 사람들이 보고 희유(稀有)한 생각을 일으킨다.

이와 같이 모든 범행을 닦고자 게으름 없이 정진하는 사람은 비록 생사 윤회가 되풀이되는 사바세계에 처해 있더라도 번뇌를 일으키지 않으므로 마치 연꽃을 보고 환희심을 일으키는 것과 같이 뭇 사람들로부터 존경을 받는다.

『유교경(遺教經)』에서는 정진의 공덕을 다음과 같이 설명하고 있다.

"만약 부지런히 정진하면 일에 어려움이 없을 것이다. 그러므로 너희들은 마땅히 부지런히 정진하는 바가 있어야 할 것이다. 마치 작은 물도 끊임없이 흐르면 능히 돌을 뚫는 것과 같아서, 끝없는 정진 앞에는 못 이룰 일이 없는 것이다. 이와는 달리, 만약 수행하는 사람의 마음이 자주 게으름에 빠져 수행을 중단한다면 마치 나무를 마찰해 불을 내려다가 열도 생기기 전에 그만두는 경우, 불을 얻고자 해도 불가능한 것과 같아서, 소기의 목적은 이루어질 까닭이 없다. 이같이 끊임없이 노력하는 일을 정진이라고 한다."

정진은 어떤 목적을 이룰 때까지 부지런히 노력하는 것을 말한다. 그런데 그 노력을 중도에서 포기하면 아무 것도 이룰 수가 없다. 위에서 인용한 『유교경』에서는 정진을 불을 일으키는 작업에 비유했다. 불을 일으키려면 잠시도 쉬지 않고 계속적으로 마찰시킬 때 불을 얻을 수 있는 것이다.

필자는 정진을 냄비에 물을 끓이는 작업에 비유한다. 냄비에 물을 끓이려면 밑에서 불을 계속적으로 지펴야만 한다. 불을 조금 지피다가 그만 두고 다시 불을 지피다가 그만두면 물의 따뜻함을 유지할 수는 있을지 모르나 그 어떤 목적도 이룰수 없다. 일단 물을 완전히 끓여야만 라면을 끓이든 밥을 짓든 무언가 할 수 있는 것이다. 정진도 마찬가지로 어떤 목적을 이루기 위해서는 그 일을 꾸준히 그리고 지속적으로 실행하지 않으면 안 된다.

그런데 정진을 계속하면 할수록 그 성과는 배가된다. 그것을 정진의 힘, 즉 정진력이라고 한다. 어떤 일이든 처음에는 무척 힘이 든다. 그러나 그 힘든 일을 계속하다 보면 처음의 결과보다 능률이 향상된다. 마치 자동차가 오르막을 오를 때는 힘이 들지만 내리막에서는 가속도가 붙는 것과 같은 이치다.

그래서 『제법집요경(諸法集要經)』에서는 "정진하는 힘 때문에, 갖가지 일을 잘해서 다 이룰 수 있게 된다."라고 했다. 그리고 『대승성무량수왕경(大乘聖無量壽王經)』에서도 "정진력을 수행해 성취해야 한다. 정진력 때문에 부처님이 되는 것이다."라고 했다.

우리의 위대한 스승이신 부처님께서도 뼈를 깎는 수행 정진을 통해 깨달음을 성취하셨다. 만일 수행 정진이 없었다면 위없는 깨달음을 이루지 못했을 것이다. 부처님께서는 온갖 유혹을 물리치고 부지런히 수행 정진했기 때문에 인류의 영원한 스승이 되셨던 것이다. 우리도 이러한 부처님의 정진의 정신을 본받아야만 할 것이다.

정진의 정신

필자가 개인적으로 가장 좋아하는 불교 용어가 '정진(精進)'이다. 정진이라는 단어 속에는 불교도의 생활철학이 담겨져 있다.

정진하는 사람은 성급하게 결과를 추구하지 않는다. 정진하는 사람은 일확천금을 꿈꾸지 않는다. 정진하는 사람은 대가 없는 공짜를 기대하지 않는다. 정진하는 사람은 기복적인 신앙에 매달리지 않는다. 정진하는 사람은 교만한 생각을 일으키지 않는다. 정진하는 사람은 말부터 앞세우지 않는다. 정진하는 사람은 단박 무엇인가 얻을 수 있을 것이라는 헛된 망상을 피우지 않는다.

우리 인생은 목표를 향해 끊임없이 앞으로 나아가는 하나의 과정에 불과하다. 그 목적지에 도달하거나 도달하지 못하거나 하는 것은 별로 중요하지 않다. 정진하는 자세가 중요한 것이다.

그런데 현대인들은 노력하지 않고 쉽게 모든 것을 빨리 얻으려고만 한다. 복권과 경마, 도박과 증권 등을 통해 일확천금을 얻겠다고 목을 매달고 있는 사람들이 우리 주변에는 너무나 많다. 정진은 사행심(射倖心)을 몰아내는 묘약이다. 허황한 생각으로 노력하지 않는 것은 개인적으로도 불행한 일이다. 그러한 사람들이 많은 사회는 결코 건전한 사회가 될 수 없다.

우리 불교계도 마찬가지다. 한국불교도의 대부분은 돈오(頓悟) 사상에 심취되어 있다. 누구나 단박 깨달을 수 있다고 말한다. 상근기(上根機)의 불자는 가능할 것이다. 그러나 이러한 사상은 정진의 정신을 퇴색시킬 염려가 있다. 그보다는 한 단계 한 단계 앞으로 나아가기 위해 열심히 노력하는 정진의 정신이 오히려 이 시대에 더욱 요망되는 것은 아닐까?

선정(禪定)의 공덕

선정의 의미

　선(禪)이란 범어 드야나(dhyāna)의 음을 중국에서 선나(禪那)로, 다시 그것을 줄여 선(禪)으로 쓰게 된 것인데, 그 의미는 '고요히 생각함(靜慮)' '생각으로 닦음(思惟修)'이다. 생각을 가라앉혀 정신을 집중시킨다 해서 정(定)이라 번역하고, 음과 뜻을 합해 선정(禪定)이라고 부른다.

　불교는 깨달음을 추구하는 종교다. 그 깨달음으로 나아가는 방법 가운데 하나가 선(禪) 혹은 명상법(瞑想法)이다. 이 선이나 명상법은 완전한 정신적 건강, 평형 및 적정(寂靜)의 상태에 도달하는 것을 목표로 한다.

　그런데 선이나 명상에 대하여 잘못 오해하는 경우가 많다. 흔히 선(禪) 하면 참선(參禪)을 연상하는데, 참선은 선(禪)에 참(參)하는, 즉 사유수(思惟修)의 여러 방법 중의 하나일 따름이지 선의 동의어(同意語)가 아니다.

　그리고 '명상' 하면 일상적인 삶의 활동으로부터의 도피를 생각한다. 즉 사회에서 격리된 어떤 먼 장소에 있는 사원의

골방이나 어떤 동굴에서 석상처럼 특수한 자세를 취하는 것, 그리고 일종의 신비 혹은 불가사의한 생각이나 황홀경에 몰입하거나 그에 대한 명상에 잠기는 것으로 생각한다.

그러나 선은 정념(正念), 직관, 주의, 관찰 등을 통해 자신을 계발(啓發)하여 마침내 사물의 본성을 있는 그대로 보고, 궁극의 진리인 열반을 깨닫는 최고 지혜의 성취로 이끄는 길이다.

그러므로 선은 자기 성취의 최상의 방법이며, 성불(成佛)로 가는 가장 빠른 길로 알려져 있다. 다시 말해서 선은 자기 속에 내재한 무한한 능력을 계발하는 지름길인 것이다.

그런데 선정은 그 자체가 목적이 아니다. 선정은 지혜를 얻기 위한 수단에 불과하다. 부처님은 처음 출가하여 두 스승으로부터 선정을 배워 익혔다. 그리하여 비상비비상처정(非想非非想處定)의 경지에까지 이르렀다. 그러나 이 경지가 궁극의 깨달음은 아니었다. 다시 말해서 선정은 깨달음 자체는 아니다. 그러나 선정 없이 지혜를 얻을 수는 없다. 그래서 선정은 지혜의 물을 간직하는 항아리(독)에 비유된다.

『유교경(遺敎經)』에 다음과 같은 대목이 나온다.

"비구는 항상 정진하여 온갖 선정(禪定)을 끊임없이 익히도록 해야 한다. 만약 선정을 얻은 사람은, 다시는 마음이 동요하지 않을 것이다. 마치 물을 아끼는 집에서 둑을 잘 쌓아놓은 것과 같다. 수행하는 사람도 마찬가지여서, 지혜의 물을 간직하고자 하는 까닭에 선정을 잘 닦아 그 누실을 막는 것이다. 이것을 선정이라 한다."

선정의 공덕

예로부터 이러한 선(禪)의 중요성이나 공덕에 대해서는 너무나 많이 강조되었다. 그러면 구체적으로 선정에는 어떠한 이익이 있는지 알아보자.

『월등삼매경(月燈三昧經)』에 선정을 닦음으로 해서 얻어지는 열 가지 공덕이[41] 설해져 있다. 이 경전에 서술된 내용을 요약 정리하면 다음과 같다.

첫째, 마음이 편안하여 위의(威儀)를 갖추게 된다. 우리가 선(禪)을 닦으면 자연적으로 우리의 몸이 정화되고 마음이 안정되어서 행동이 점잖아진다. 선정의 가장 큰 이익은 미묘한 평온(tranquil)과 행복감을 느끼는 것이다. 선정을 통해 산란했던 마음은 안정을 되찾게 되고, 완전한 정신적 휴식과 함께 높은 단계의 행복을 얻을 수 있다. 또한 선정을 통해 깊은 육체적 휴식과 이완(긴장을 품), 그리고 육체적 건강을 증진할 수 있다.

둘째, 자비심을 스스로 내는 경계가 된다. 선(禪)을 닦으면 자비심이 많아진다. 우리 행동이 거칠면 자비심도 나올 수가 없다. 선 수행(禪修行)을 하다 보면 우리들의 생리가 정화되고, 마음이 정화되기 때문에 저절로 자비심이 우러 나온다.

셋째, 번뇌가 없어진다. 우리의 생리나 마음이 정화되지 않

---

41) 禪定十種功德: 一者安住儀式. 二者行慈境界. 三者無諸悩熱. 四者守護諸根. 五者無食喜樂. 六者遠離愛欲. 七者修禪不空. 八者解脱魔羅. 九者安住佛境. 十者解脱成熟. 〔大正藏 15권, p.584下.〕

아서 탐심(貪心)이나 진심(瞋心), 치심(痴心)이 발동한다. 모든 번뇌와 갈등은 삼독심에서 유래된 것이 많다. 그런데 참선은 이러한 삼독심의 발동을 제어하기 때문에 번뇌가 생기지 않는다.

넷째, 육근(六根)을 보호한다. 우리들은 혼탁한 세상에 살면서 눈·귀·코·혀·몸·뜻을 통한 시각·청각·후각·미각·촉각 등 감각들이 둔탁하여 진리를 보지 못하고 있다. 하지만 참선을 하면 자연적으로 우리의 육근(六根: 眼·耳·鼻·舌·身·意)이 맑아진다. 그러므로 모든 근(根)을 보호한다는 것이다.

다섯째, 먹지 않아도 즐거움을 느낀다. 우리가 생각할 때 사람들은 잘 먹고 잘 입는 것을 행복이라고 생각한다. 하지만 이것은 모두 욕계(欲界)의 번뇌에 의한 것이다. 따라서 번뇌가 떨어졌을 때는 음식에 대한 생각이 별로 없다.

우리가 참선을 하면 자기의 마음과 몸이 가뿐한 것을 느낀다. 이것을 경안(輕安)이라 하는데, 이 정도가 되어야 비로소 선(禪)에서 조금 힘을 얻었다(得力)라고 한다. 이런 경지가 지나가면 그 때는 기쁨을 느낀다. 이것을 희락지(喜樂地)라 하는데, 한없는 환희심을 느끼는 경지이다. 그 때는 그냥 감사해서 눈물이 주룩주룩 나올 정도로 환희심을 느낀다.

따라서 이런 경안(輕安)을 얻어 몸도 마음도 가뿐하고 상쾌하여 기쁨을 느끼면, 그 때는 음식에 대한 생각이 별로 없다. 오직 선정의 희열(禪悅)만이 있을 뿐이다. 따라서 먹지 않아도 즐거움과 기쁨을 느끼는 것이다.

여섯째, 애욕을 멀리 여의게 된다. 이성간의 사랑이나 그런 욕심을 모두 떠나버린다는 것이다. 일반적으로 성적인 접촉이 없는 생활은 무미건조할 것이라고 생각할지 모르지만, 선(禪)을 통한 희열(喜悅)보다 더한 즐거움은 없다. 선정에 들어 고요한 상태가 되면, 일심(一心)이 산란하지 않으므로 일체의 애욕을 떠난다.

일곱째, 선(禪)을 바로 닦으면 공(空)에 떨어지지 않는다. 선의 초기 단계에서는 아공(我空)·법공(法空)을 느끼게 되지만, 선을 깊이 닦아 공관(空觀)에 사무치면 공에 머물지 않고 참다운 공의 실상인 진공묘유(眞空妙有)를 체득하게 된다는 것이다.

여덟째, 악마의 걸림을 다 벗어버린다. 선정을 닦으면 생사(生死)를 여읠 뿐만 아니라 일체 마군의 속박에서 벗어버린다. 마견(魔見)이란 좋다 나쁘다 또는 있다 없다 등 우리들의 욕망과 번뇌의 얽힘을 말하는데, 선정을 닦으면 이러한 마군의 걸림, 즉 마견을 벗어버리고 해탈한다는 것이다.

아홉째, 부처님의 경계에 편안히 머물게 된다. 선정을 닦으면 한량없는 지혜를 발하므로 깊고 오묘한 진리를 통달하여 부처님의 지견(智見)을 얻게 된다. 그러므로 자연 마음이 맑아져 열반(涅槃) 혹은 적멸(寂滅)에 머물게 되기 때문에 이것을 이름하여 부처님의 경계에 머문다고 하는 것이다.

열째, 해탈이 성숙된다. 이 말은 참선을 통해 우리 마음속에 남아 있는 미세한 번뇌의 씨까지 다시 뽑아 버린다는 뜻이다. 선정을 닦으면 일체의 의혹과 잡된 행동은 이미 제거되고, 자연적으로 걸림 없는 해탈을 원만히 성취하게 된다는 것이다. 이때가 바로 성불(成佛)인 것이다.

위에서 소개한 열 가지가 선정을 통해 얻어지는 공덕이다. 우리는 모두 불성(佛性)을 갖고 있기 때문에 부처님과 같은 무한한 능력을 발휘할 수 있다. 다만 우리 범부들은 자기의 능력을 100% 발휘하지 못하고 있을 뿐이다. 그렇지만 선(禪)을 닦으면 닦을수록 자기도 모르는 사이에 무한한 힘이 자기에게서 나오는 것을 발견하게 될 것이다.

불교명상의 의미와 목적

선정과 관련하여 상좌불교국에서 널리 성행하고 있는 불교명상(瞑想)의 의미와 목적에 대해 알아보자.

초기불교에 의하면, 계(戒)나 덕행의 실천과 계율에 뒤따르는 것은 일반적으로 명상이라고 번역되는 사마디(sāmadhi, 三昧, 집중)이다. 오늘날 불교의 대중적인 수준에서 명상은 불교도의 삶의 극치로서 올바른 입장이라고 받아들여지고 있다. 이와 같이 명상이 결핍된 불교는 물 없는 우물과 같다고 말한다.

불교의 세 가지 큰 덕행은 관대(보시), 도덕적 품행(지계)과 명상(수행)이다. 앞의 두 가지는 금생과 내세에 행복을 가져올 수 있지만, 그것들은 열반을 가져올 수 없다. 열반은 오직 명상에 의해서 도달할 수 있다. 그러므로 모든 덕행에서 명상이

제일 앞선다.

팔리어 술어 바와나(bhāvanā)는 정신적인 발전을 의미한다. 이것은 특별한 대상이나 관념에 관한 마음의 진전을 말한다. 불교에 의하면 마음은 악의 충동과 번뇌로 가득한 저장소이다. 이러한 영향으로 외적인 마음과 그 사고는 진행된다. 이 것은 왜 마음이 절대적으로 정지 상태로 있지 못하고 언제나 움직이고 있는가를 설명해 주고 있다. 어떤 생각, 느낌이나 지각은 매 순간 매 초마다 다른 곳으로 달아나 버린다. 명상은 내적인 계발로 이끄는 마음을 지배하고 정화하는 하나의 방법이다.

마음의 주요한 오염, 즉 번뇌는 탐욕(lobha)·증오(dosa)·미혹(moha)이다. 이러한 색채들은 외부에 대한 우리들의 반응과 우리들에게 실재하는 그림을 왜곡되게 묘사해 준다. 번뇌에 의해 채색되었다. 우리는 덧없는 것을 영원한 것으로, 괴로운 것을 즐거운 것으로, 실체 없는 것을 실재하는 것으로 취한다.

이와 같이 우리가 살고 있는 실(實) 세계는 허위성이거나 실재하지 않는 세계다. 있는 그대로의 진리를 보기 위해서는 마음이 명상의 수단에 의해서 망상, 번뇌와 충동에서 벗어나야만 한다. 번뇌의 장막을 걷고, 드러난 진리를 있는 그대로 볼 수 있는 권능을 부여하는데 도움을 주는 것이 곧 명상이다. 이것이 바로 왜 지계가 열반을 가져올 수 없는가 하는 이유다. 오직 명상만이 이러한 일들을 이행할 수 있다.

불교명상에는 크게 두 가지가 있다. 하나는 평온한 명상 (Tranquil Meditation)이고, 다른 하나는 통찰력 명상(Insight Meditation)이다. 첫 번째 평온한 명상 수련의 간단한 응용과 실천적 방법으로 획득할 수 있는 효과는 대략 다음과 같다.

즉 ① 깊은 육체적 휴식과 이완(긴장을 풂), 그리고 육체적 건 강 증진, ② 완전한 정신적 휴식과 함께 높은 단계의 행복, ③ 완전한 자유의 마음 획득, ④ 기억력 강화, ⑤ 정진력 증대, ⑥ 보다 효과적인 작업 성취, ⑦ 창의적이고 창조적인 지혜, ⑧ 삶의 문제들에 대처하기 위한 건전하고 효과적인 출구, ⑨ 미묘한 평온과 행복 등을 얻게 된다.

두 번째 통찰력 명상 수련의 유일하고 가장 효과적인 방법 들의 적용으로 획득할 수 있는 효과는 다음과 같다.

즉 ① 삶에서 '무지의 어둠[無明]'을 쫓고 '지혜의 밝음'을 배양한다. ② 삶의 잘못된 견해의 근절, ③ 생활 속에서 불쾌 한 느낌이나 고통을 증폭시키는 요인 제거, ④ 정신적 방황과 고통의 경감 획득, ⑤ 유익한 기억력 증진과 고조 획득, ⑥ 극 도로 해로운 기억력에 효과적으로 대응 가능, ⑦ 가장 완벽하 고 자유의 최고 경지의 마음 획득, ⑧ '완전한 행복'(열반)의 증득으로 이끄는 완전한 깨달음과 실현 등이다.

통찰력 명상(Vipassanā)

두 번째의 통찰력 명상을 흔히 위빠사나(vipassanā)라고 부른 다. 위빠사나는 위(vi)와 빠사나(passanā)의 합성어다. 위(vi)는 존재의 세 가지 특성인 무상(無常, anicca), 고(苦, dukkha), 무아(無我, anatta)를 뜻한다. 빠사나(passana)는 '꿰뚫어 본다' 는 뜻이다. 그러므로 사물의 있는 그대로의 모습인 실재(reality)를 꿰뚫어 본다는 뜻이다.

위빠사나 수행법은 대상과 심리적인 상태를 그대로 관찰하는 방법을 가르치는 것이다. 그냥 바라보는 것. 고요히 대상을 응시하는 것. 이것만으로 바로 모든 번뇌를 여의고 궁극의 경지로 갈 수 있다.

요가는 감각을 제어하기 위한 다양한 몸 동작과 호흡법을 통해 궁극의 경지에 나아갈 것을 요구한다. 간화선은 하나의 화두에 모든 의식을 집중시켜 불퇴전의 분심으로 물고 늘어져 모든 번뇌를 한 번에 부수고 깨달음을 이루는 역동성을 지니고 있다.

그러나 위빠사나는 이런 요가의 다양성이나 간화선 같은 역동성은 없다. 다만 고요하게 지켜보고 관찰하는 것. 이것만이 위빠사나 수행법의 모든 것이다. 그러나 고요히 지켜보는 가운데 혼탁한 물이 잠잠해 지면 더러움은 가라앉고 본래 그 물 색깔을 드러내듯이 사물의 본래 면목은 드러나고 불교의 삼법인(三法印)의 이치가 또렷이 자각되는 것이다.

이러한 명상은 우리들에게 지혜를 주며, 그 지혜가 우리의 행위를 가치 있는 것으로 바꾸고, 우리 시대의 과학과 기술의 탐구가 나아갈 길을 밝혀 준다.

지금까지 여기서 다룬 선정과 다음에서 다룰 지혜는 불가분의 관계에 있다. 불교에서는 선정에 의해 지혜가 열린다고 보고 있다. 그러므로 선정과 지혜는 서로 떨어질 수 없는 관계를 이룬다. 지혜는 선정에 의해 빛을 발하고, 선정은 지혜를 바탕으로 더욱더 심화(深化)되어 간다. 선정이 없는 지혜는 메마른 분별지(分別智)로 퇴색하고, 지혜가 따르지 않은 선정은 공허하고 맹목적인 것이 된다. 그래서 선정은 기름에, 지혜는 등불에 비유되고 있다.

지혜(智慧)의 공덕

지혜의 중요성

불교를 흔히 지혜와 자비의 종교라고 한다. 불교에서는 지혜 없는 삶을 생각할 수도 없다. 지혜와 자비는 불교도의 삶의 목표이기 때문이다. 앞에서 살펴본 보시·지계·인욕·정진·선정바라밀도 결국 지혜를 얻기 위한 것이다.

아무리 청정한 믿음이 있어도 지혜가 결여되면 결국 어리석음에 머물고 만다. 지혜 없는 믿음은 어리석음만 조장할 뿐이기 때문이다. 그래서 『대비바사론(大毘婆娑論)』에서는 지혜가 모든 것 중에서 최고라고 말하는 것이다.

그러면 왜 어리석음에서 벗어나 지혜로워야 하는가. 한마디로 윤회의 굴레에서 벗어나기 위해서다. 어리석은 사람은 모든 현상이 덧없는[無常] 것임에도 불구하고 그것이 영원한 것으로 여기고 집착하게 된다. 이 때문에 어리석은 사람은 윤회에서 벗어나지 못하고 있다. 반면 지혜로운 사람은 모든 현상은 덧없는 것임을 알고 일체의 집착을 갖지 않는다. 이로 말미암아 윤회의 속박에서 벗어나게 되는 것이다.

그런데 사람들은 자신이 어리석은 사람임을 깨닫지 못하고, 지혜를 닦고자 노력하지 않는다. 『출요경(出要經)』에 이러한 사람을 경책하는 대목이 나온다. "제 어리석음을 아는 어리석은 사람은 마땅히 좋은 지혜를 얻을 것이다. 그러나 지혜있다고 스스로 일컫는 어리석은 자는, 어리석은 사람 중에서도 진정 어리석은 사람이라고 해야 한다."고 했다.

지혜의 공덕

지혜의 공덕에 대하여 『유교경』에서는 다음과 같이 설하고 있다.

"지혜가 있으면 탐착(貪着)이 없어질 것이다. 언제나 스스로 잘 살펴서 소실되지 말도록 해야 한다. 그렇게 하면, 내 가르침 가운데서 해탈할 수 있을 것이다. 만약 그렇게 아니하는 사람의 경우는, 승(僧)도 아니요 속(俗)도 아니어서, 무어라 이름 붙일 수가 없다. 진실한 지혜는 늙음과 병듦 및 죽음의 바다를 건너게 하는 견고한 배며, 무명(無明)의 암흑을 비추는 매우 밝은 등불이며, 온갖 병자를 고쳐 주는 좋은 약이며, 번뇌의 나무를 베어 쓰러뜨리는 날카로운 도끼이다.

그러므로 너희들은 항상 문(聞)·사(思)·수(修)로 지혜를 계발하여 자기 지혜를 증대시켜 가야 한다. 만약 사람이 있어서 지혜로 보는 능력을 가졌다면, 표면상으로는 천안(天眼) 아닌 육안(肉眼)이라 할지라도, 진실한 의미에서 밝게 보는 사람임에 틀림없다. 이것이 지혜다."라고 말하고 있다.

『월등삼매경(月燈三昧經)』에 반야(般若)의 열 가지 공덕[42]에 대하여 언급한 대목이 있다. 열 가지란 무엇인가.

첫째, 일체를 모두 버리되 베풀었다는 생각을 취하지 않는다. 이것은 보시와 관련된 것이다. 보살은 일체 중생을 위해 자신의 모든 것을 베풀었다 할지라도 베풀었다는 생각을 갖지 않는다. 베풀었다는 생각을 가지면 이미 무주상(無住相) 보시가 아니기 때문이다. 역설적으로 보시를 하되 베풀었다는 생각을 취하지 않는 것이 곧 지혜의 공덕이다.

둘째, 계율을 지켜 결함이 없게 하되 계에 의지하지 않는다. 이것은 지계와 관련된 것이다. 보살은 일체 중생을 위해 계율을 지켜 조금도 어김이 없다. 그러나 계에 의지하지 않는다. 계는 이 언덕을 건너 저 언덕으로 건너가는 방편이다. 지계 자체가 목적이 아니라는 것이다. 이러한 이치를 깨닫는 것이 곧 지혜의 공덕이다.

셋째, 인욕의 힘으로 머물되 중생상(衆生想)에 머물지 않는다. 이것은 인욕과 관련된 것이다. 보살은 인욕의 힘으로 온갖 모욕과 어려움을 극복하지만 결코 '나'라는 생각을 갖지 않는다. 내가 무엇인가를 참고 견뎠다는 생각이 남아 있는 한 완전한 인욕이 아니기 때문이다. 이러한 이치를 체득하는 것

---

42) 般若十種利益: 一者一切悉捨不取施想. 二者持戒不缺而不依戒. 三者住於忍力而不住衆生想. 四者行於精進而離身心. 五者修禪而無所住. 六者魔王波旬不能擾亂. 七者於他言論其心不動. 八者能達生死海底. 九者於諸衆生起增上悲. 十者不樂聲聞?支佛道. 〔大正藏 15권, p.585上.〕

이 곧 지혜의 공덕이다.

넷째, 정진을 행하되 몸과 마음을 떠난다. 이것은 정진과 관련된 것이다. 보살은 끊임없이 정진하되 몸으로 혹은 마음으로 정진했다는 생각을 떠나는 것을 말한다. 이것이 정진과 관련된 지혜의 공덕이다.

다섯째, 선(禪)을 닦되 머묾이 없다. 선정을 닦되 선정 자체가 목적이 아님을 알아서 선에 집착하지 않는다. 이것이 선정과 관련된 지혜의 공덕이다.

여섯째, 마왕 파순(魔王波旬)이 능히 요란하게 하지 못한다. 어리석은 사람은 온갖 유혹에 현혹되지만, 지혜로운 사람은 마왕 파순의 유혹에 절대 넘어가지 않는다. 이것이 지혜로운 이가 얻을 수 있는 공덕이다.

일곱째, 타인의 말을 들었다고 해서 그 마음이 움직이지 않는다. 어리석은 사람은 외부의 현상이나 타인의 말에 현혹되기 쉽지만, 지혜로운 사람은 이치와 논리에 맞지 않는 말에 결코 현혹되지 않는다. 그러므로 어떤 사람이 아무리 감언이설로 유혹할지라도 그 마음이 흔들리지 않는다. 이것이 지혜로운 이의 공덕이다.

여덟째, 생사의 바다 밑에 능히 도달한다. 생사의 바다 밑에 도달한다는 것은 윤회의 마지막에 이른다는 뜻이다. 어리석은 사람은 덧없는 현상을 영원한 것으로 생각하고 집착하으로 생사 윤회를 반복한다. 그러나 지혜로운 사람은 모든 것은 무상한 것임을 알고 집착하지 않기 때문에 생사 윤회를 벗어나게 된다. 이것이 지혜로운 이가 얻게 되는 공덕이다.

아홉째, 모든 중생에 대하여 끝없는 자비심을 일으킨다. 어리석은 사람은 오직 자기만을 위하여 탐욕을 일으키지만, 지혜로운 이는 탐욕과 집착이야말로 덧없는 것임을 알기에, 그러한 이치를 깨닫지 못하고 사는 중생들에게 한없는 연민을 느낀다. 그리하여 보살의 대비심을 발휘하여 그들을 구제하고자 노력한다. 이것이 지혜로운 이가 얻게 되는 무한한 공덕이다.

열째는 성문(聲聞)과 벽지불(辟支佛)의 가르침을 좋아하지 않는다. 이것은 대승불교적 시각을 드러낸 것으로써, 보살의 이타행을 강조한 것이라 할 수 있다. 성문과 벽지불은 자신의 구제에만 전념한다. 반면 보살은 자신의 구제보다 타인의 구제를 먼저 생각한다. 비록 자신은 고통받더라도 중생이 구제된다면 기꺼이 어려움을 참고 견디는 것이 보살행이다. 이러한 보살행은 어리석은 사람이 결코 행할 수 있는 것이 아니고, 오직 지혜로운 이라야만 가능한 것이다. 그러므로 이러한 대승의 수승한 가르침을 좋아하는 것이 지혜의 열 번째 공덕이다.

이것이 보살이 반야바라밀을 행함으로써 성취하게 되는 열 가지 이익이라고 『월등삼매경』에 설해져 있다. 이 경전에 설해진 지혜의 공덕은 육바라밀과 관련된 지혜임을 알 수 있다. 보살이 갖추어야 할 여섯 가지 덕목 즉 육바라밀과 관련하여 어떻게 하는 것이 반야바라밀인가를 밝힌 것이다.

『선교방편경(善巧方便經)』에 이르길, "보살은 지혜의 밝은 힘으로 온갖 미혹(迷惑)을 남김 없이 깨끗이 하고, 일체지(一切智)의 심경에 안주(安住)하므로, 비록 오관(五官)의 욕망을 받아 가지고 있을지라도 항상 범천(梵天)의 세계에 태어나게 된다.

또한 온갖 보살은 맨 처음에 일체지(一切智)의 마음에 안주(安住)하여, 모든 미혹(迷惑)을 다 깨끗이 한다. 좋은 약이 세상의 온갖 병의 고통을 치료하는 것처럼, 보살의 일체지의 마음도 탐(貪)·진(瞋)·치(癡)와 같은 모든 번뇌의 병을 제거하는 것이다."라고 했다.

『화엄경』에서는 "만약 가장 뛰어난 지혜의 방편을 갖춘다면, 여래의 궁극의 깨달음에 안주하게 되고, 만약 여래의 궁극의 깨달음에 안주한다면, 능히 온갖 마력(魔力)을 꺾어 없앨 수 있다. 만약 지혜가 앞장서서 신(身)·구(口)·의(意)의 행동에 언제나 결함이 없다면, 원력(願力)이 뜻대로 실현되므로 널리 육도(六道)를 따라 몸을 나타낼 수 있다."고 했다.

그리고 지혜가 아니고서는 생사윤회의 고통을 벗어날 수 없다는 취지의 내용으로 지혜의 공덕을 찬탄한 부분들을 여러 경전에서 발견할 수 있다.

『자씨해탈경(慈氏解脫經)』에 "금강석은 귀중한 것이어서 온갖 가난의 고통을 끊어준다. 일체지(一切智)도 마찬가지여서 온갖 윤회의 고통을 끊어준다."고 했다. 그리고 『제법집요경(諸法集要經)』에서는 "지혜는 날카로운 칼과 같아서 탐애의 뒤엉킴을 끊는다. 그리하여 생사의 결박과 온갖 집착에서 벗어나게 해 준다."고 했다. 그러므로 "지혜를 배우는 사람은, 번뇌의 집착을 없앤다."고 『지심범천소문경(持心梵天所問經)』에서 설하고 있다.

『법집요송경(法集要頌經)』에서도 "선공(船工)은 배를 조정하고, 궁사(弓師)는 뿔을 조정하고, 대목은 나무를 조정하고, 슬기로운 사람은 몸을 조정한다."라고 했다.

"결국 지혜로운 사람은 잘 헤아려 생각하여 궁극의 깨달음을 구하고, 번뇌의 과실을 떠나 열반의 뛰어난 덕을 체득케 된다"라고 『니건자문무아의경(尼乾子問無我義經)』에서 설하고 있다.

『여래지인경(如來智印經)』에서도 "지혜는 능히 온갖 중생을 지켜 준다."고 했으며, 『첨품묘법연화경(添品妙法蓮華經)』에서도 "지혜의 태양은 온갖 어둠을 깨며, 재앙의 풍화(風化)를 멈추며, 널리 밝게 세상을 비춘다."라고 했다.

『보살행변화경(菩薩行變化經)』에서도 지혜를 태양에 비유하여 설명하고 있다. "태양이 나타나면 반딧불과 별들은 자취를 감춘다. 지혜의 나타남도 마찬가지여서, 온갖 외도(外道)의 무명(無明)의 등불이 자취를 감춘다."고 했다.

그러므로 지혜를 실현하면 온갖 괴로움에서 벗어날 것이며, 모든 오욕의 집착을 흩어버리게 될 것이다.

지혜를 얻는 방법

불교에서는 진리를 두 가지 종류로 구분하여 설명한다. 하나는 피상적이며 습관적인 진리, 즉 일반적 진리를 말한다.

다른 하나는 실제적 또는 궁극적인 진리, 즉 절대적 진리를 말한다. 일반적 진리는 학문적인 지식을 통해서도 얻을 수 있다. 하지만 궁극적 진리는 이론적이거나 단순한 사색적 방법에 의해서는 얻기 어렵다. 절대적 진리는 지계(持戒)에 토대를 둔 명상에 의해서만 깨달을 수 있다. 이것을 불교에서는 '세 가지 공부(三學)'라고 부른다.

"어느 때 부처님께서는 사위국의 기수급고독원에 계시면서 여러 비구들에게 말씀하셨다. '세 가지 공부가 있다. 어떤 것이 셋인가. 이른바 왕성한 계율 공부, 왕성한 뜻 공부, 왕성한 지혜 공부이니라.' 그 때에 세존께서는 곧 게송으로 말씀하셨다.

"세 가지 공부를 완전히 갖추면
그것은 비구의 바른 행이네.
왕성한 계율과 마음과 지혜의
세 가지 법을 닦아 꾸준히 나아가라."

이것은 『잡아함경』 권29, 제816 『학경(學經)』에 나오는 말씀이다. 불교의 수행은 세 가지 공부로 이루어져 있다. 세 가지 공부란 지계·선정·지혜의 삼학을 말한다. 이 세 가지 공부가 갖추어져야만 비로소 불교의 궁극적 목표인 열반을 증득하게 된다는 것이다. 이 경에서 말하는 왕성한 계율 공부, 왕성한 뜻 공부, 왕성한 지혜 공부를 불교 술어로 증상계학(增

上戒學, adhisīlasikkhā), 증상의학(增上意學, adhicittasikkhā), 증상혜학(增上慧學, adhipaññāsikkhā)이라고 부른다.

『잡아함경』 권22, 『전결경(纏結經)』에 이르길, "지혜로운 사람은 계율을 성취하여, 마음으로 지혜를 닦나니, 비구는 부지런히 닦아 익히어, 결박에서 능히 결박을 푼다."라고 했다.

『잡아함경』 권22, 『묘색경(妙色經)』에 의하면, "계율을 가지고 밝은 지혜로, 스스로 정수(正受)를 닦아 익히고, 정직한 마음으로 생각을 매면, 불길 같은 근심도 모두 없어진다. 이렇게 평등한 지혜를 얻어, 그 마음 번뇌에서 잘 해탈하면, 이러한 인연으로 말미암아 아름다운 빛깔의 몸을 받는다."라고 했다.

이처럼 지혜는 저절로 이루어지는 것이 아니다. 계율의 바탕 없이는 이루어질 수 없다. 세속적인 낮은 지혜는 배움을 통해서도 이룰 수 있다. 하지만 모든 결박에서 벗어날 수 있는 큰 지혜는 계율 없이는 성취하기 어렵다. 이것은 초기경전의 도처에서 확인할 수 있는 부처님의 가르침이다.

다시 말해서 지혜는 지계와 선정을 통해 얻게 된다는 것이다. 이러한 지혜로 말미암아 온갖 근심 걱정도 없앨 수 있고, 훌륭한 용모도 갖추게 된다. 그리하여 궁극에는 절대적인 진리를 증득하게 되는 것이다.

부처님께서는 제자들에게 기회 있을 때마다 삿된 견해에 의지하지 말고, 바른 견해 즉 지혜를 통해 이 고통의 바다를 건너 저 열반의 언덕으로 건너가라고 충고하고 있다. 『잡아함경』권28, 『사견정견경(邪見正見經)』의 가르침을 들어보자.

"더러운 법은 가까이하지 말고, 방일(放逸)은 행하지 않아야 하며, 삿된 소견은 익히지 말라. 그것들은 이 세상을 더욱 어지럽힌다. 비록 이 세간에 살고 있어도, 바른 소견을 더 많이 가지면, 또 백 번 천 번이나 태어난다 하더라도, 끝내 나쁜 세계에는 떨어지지 않는다."라고 했다.

더러움이 없는 완전한 청정의 경지를 열반이라고 한다. 그러한 열반을 맛보기 위해서는 잘못된 견해가 아닌 바른 견해 즉 지혜를 얻어야만 한다.

『잡아함경』권22, 『제류경(諸流經)』은 이러한 부처님의 가르침을 매우 간략하게 잘 묘사하고 있다. 즉 "믿음으로 능히 모든 흐름을 건너고, 방일(放逸)하지 않음으로써 바다를 건너며, 정진으로써 능히 괴로움을 버리고, 지혜로써 맑고 깨끗하게 되느니라."라고 했다.

이 경전의 말씀과 같이 지혜는 노력하지 않고 얻을 수 있는 것이 아니다. 계율을 잘 지키며, 게으르지 않고 열심히 정진할 때 지혜가 생기는 것이다. 그리고 그러한 지혜로 말미암아 윤회의 굴레에서 벗어날 수 있게 되는 것이다.

자비(慈悲)의 공덕

지혜와 자비

지혜와 자비는 새의 두 날개와 같다. 한 인간이 완전해지려 면 지혜와 자비를 동등하게 발전시켜야 한다. 자비(karuṇā)는 사랑·박애·친절·관용과 같은 정서적 측면의 고귀한 성질 이나 감성의 특성을 나타낸다. 반면 지혜(paññā)는 지적 측면 이나 지성의 특성을 나타낸다. 만일 지적 측면을 무시하고 정 서적 측면만을 발달시키는 사람은 마음씨 좋은 바보가 될 것이 다. 반면 정서적 측면을 무시하고 지적 측면만을 발달시키 는 사람은 타인에 대한 감정이 없는 냉혹한 지성이 될 것이 다. 그러므로 완전한 인간이 되기 위해서는 두 가지를 다 갖 추어야 한다.

자비의 의미

자비는 불교 윤리의 이상이다. 자비(慈悲)라는 말은 자(慈, mettā)와 비(悲, karuṇā)의 합성어다. 팔리어 멧따(mettā)는 자애, 우정, 선의, 인정, 동료애, 우호, 화합, 비공격적임, 비폭력 등

다양한 의미를 지닌 용어이다.

팔리 주석가들은 멧따를 남들의 이익과 행복을 간절히 바라는 것이라고 정의한다. 본질적으로 멧따(자비)는 사랑과 우정이 넘치는 이타적 태도이다. 이런 점에서 이기주의에 바탕을 둔 단순한 우호적인 태도와는 구별된다. 멧따 덕분에 사람은 공격적이기를 거부하고 가지가지의 신랄함과 원한과 증오심을 버리게 되며, 그 대신 남들의 안녕과 행복을 추구하는, 우정과 친절미와 인정이 있는 마음을 키우게 된다.

참다운 멧따에는 이기심이 끼어들 여지가 없다. 그것은 또한 마음속에 따뜻한 동료애와 동정심 그리고 사랑의 감정을 불러일으키며, 그와 같은 감정은 수행을 거듭함에 따라 끝없이 확대되어 모든 사회적·종교적·인종적·정치적·경제적 장벽을 무너뜨리게 된다. 참으로 멧따야말로 보편적이고 비이기적이며 일체를 포용하는 사랑이다.

어머니가 자식을 보호하기 위해서는 자신의 목숨마저 버리듯이, 멧따는 베풀기만 할 뿐 어떤 보답도 바라지 않는다. 자기의 이익을 채우려 드는 것은 인간의 원초적인 본성이다. 이 본능이 남의 이익과 행복을 늘려주려는 소망으로 승화될 때, 자기 본위의 근원적 충동이 극복될 수 있다. 뿐만 아니라 자기의 이익을 전체의 이익과 동일시하게 됨으로써 그 마음은 보편적이 된다. 이러한 변화를 이룸으로써 사람은 자신의 안녕 또한 가장 확실한 방법으로 증진시키게 되는 것이다.

멧따는 자식을 위해 온갖 고난을 감내하는 어머니의 그 한

없이 인내하는 마음이며, 자식이 아무리 나쁜 짓을 저질러도 탓하지 않는 어머니의 그 끝없이 보호해 주는 태도이다. 또한 벗의 행복을 위해서 최선을 다하려는 친구의 그 마음가짐이다. 이 같은 멧따의 특성들을 자비 수행(metta-bhāvanā), 즉 보편적 사랑에 대한 명상을 통해 충분히 갈고 닦는다면, 그 사람은 자신과 남들을 모두 지켜내고, 보호해 주고, 치유할 수 있는 엄청난 내면적 힘을 반드시 얻게 된다.

멧따의 보다 심오한 뜻은 차치하더라도, 멧따는 당장 우리가 이 시대를 살아가기 위해서 반드시 실천하지 않으면 안 될 필수적 덕목이다. 온갖 파괴적 성향들에 직면하고 있는 지금과 같은 세상에서 아마도 유일하게 화합과 평화, 상호 이해를 가져올 수 있는 건설적인 방법이 있다면 그것은 바로 몸과 입과 마음으로 행하는 멧따일 것이다. 멧따야말로 모든 고등 종교의 근본 교리를 이룰 뿐 아니라 인류의 복리를 증진시키려는 그 모든 인정 어린 행위의 기본 원리를 이루는 최고의 가치이기 때문이다.

대승불교에서는 자비를 이렇게 해석하고 있다. 즉 자(慈)는 중생들에게 즐거움을 주는 것, 즉 여락(與樂)을 말하고, 비(悲)는 중생들의 괴로움을 제거하는 것, 즉 발고(拔苦)를 뜻한다. 전자의 자는 '벗'의 뜻인 마이뜨라(maitra)에서 전성(轉成)된 추상명사여서 우정을 극대화시킨 것이다. 즉 특정한 사람 아닌 모든 사람에게 우정을 표시하는 일이다. 그리고 후자의 비는 원래 탄식이라는 의미다. 남의 괴로움을 보고 탄식하는 일이며, 다시 나아가 가엾이 알고 동정한다는 뜻이다. 불교에서 이 자비는 조건 없이 끝없이 베풀기 때문에 대자(大慈)·대비(大悲)라고 부른다. 일반적으로 자와 비를 구분하지 않고 넓은 의미의 자비라는 뜻으로 사용하고 있다.

자비의 공덕

자비심은 모든 부처님들의 한결같은 덕성이다. 불보살님의 대자대비는 너무나 광대 무변하다. 그리고 이 자비의 공덕은 대승경전에서 너무나 많이 언급되어 있기 때문에 어느 경전을 인용해야 할지 모를 지경이다. 자비에 대해서는 한국의 불자들이 수없이 많이 들어왔기 때문에 오히려 지겹게 느껴질 정도다. 그래서 여기서는 초기경전에서 자비에 관해 언급한 경전의 일부를 소개하는 것으로 만족하고자 한다.

한때 부처님께서 기원정사에 계실 때 비구들에게 다음과 같이 말씀하셨다.

"비구들이여, 마음을 해탈(心解脫)로 이끄는 보편적 사랑을 열심을 닦고, 발전시키고, 꾸준하게 다시 챙기고, 탈것으로 삼으며, 삶의 기반으로 삼으며, 완전히 정착시키고, 잘 다지고 완성시키면 다음과 같은 열한 가지의 복을 기대할 수 있다.

열한 가지란 무엇인가. 편안히 잠자고, 즐겁게 깨어나며, 악몽을 꾸지 않는다. 사람들의 아낌을 받는다. 천신들이 보호해주며, 불이나 독, 무기의 해를 입지 않는다. 그의 마음은 쉽게 정(定)을 이룰 수 있으며, 얼굴 표정은 평온하고, 임종시에도 마음이 흐트러지지 않는다. 그리고 설혹 더 높은 경지를 못 얻더라도 최소한 범천의 세계에는 이를 것이다.

이 경에 나오는 마음을 해탈로 이끄는 보편적 사랑은 자비관에 입각한 삼매의 성취를 의미한다. 자비는 증오와 분노의 마음을 없애준다. 자비는 자기 위주로 생각하고 행동하는 것이 아니다. 자비는 탐욕과 미망의 속박에서 해방시켜 준다. 그래서 언제나 마음은 해방된 상태가 된다. 아무리 짧은 동안이라도 자비관을 닦으면 그 때마다 어느 정도 마음의 자유를 누릴 수 있다. 그러나 무한한 자유의 마음을 얻으려면 자비관이 충분히 발전하여 삼매경에 이르러야 한다.

위에서 자비를 '닦는다'는 말은 단순히 지적 연습으로써가 아니라 진정으로 우러난 마음으로 자비에 자신을 맡겨, 이를 자신의 태도와 견해, 행위를 결정짓는 삶의 지도 이념으로 여기고 열심히 닦는 것을 의미한다.

'발전시킨다'는 자비관을 닦으면 갖가지 내면적 수양과 정신적 통합의 과정을 거치게 됨을 의미한다. '꾸준히 다시 챙긴다' 함은 깨어 있는 동안은 내내 말과 행동과 생각을 통해 자비를 반복하여 닦아야 하며, 뿐만 아니라 자신의 자비를 주시하기를 시종일관 한결같이 진행시켜야 한다는 점을 강조하는 말이다.

'탈것으로 삼는다' 함은 자비의 이상을, 인간관계를 풀어 가는 유일하고 정당한 방법이자 정신적 성숙을 이루는 수단으로 인식하고, 일신을 맡겨 수레에 타듯이 전적으로 자비에 위탁하는 것을 의미한다. 자비가 유일한 '교통수단', 유일한 탈 것이 될 때 인생은 저절로, '거룩한 주처(住處)'가 될 것이다.

'삶의 기반으로 삼는다' 함은 자비를 모든 면에서 자기의 존재기반으로 삼는 것을 말한다. 그 때에 자비는 최고의 휴식처, 안식처, 생의 귀의처가 되어, 법에의 귀의(法歸依)가 실제로 이루어지게 된다.

'완전히 정착시킨다' 함은 자비에 굳게 뿌리박은 삶, 자비에 닻을 내리어 어떤 상황에서도 요지부동한 삶을 뜻한다. 힘들이지 않아도 자비수행이 이루어질 수 있게 되면 실수로 자비의 원칙을 범하는 일마저도 없게 될 것이다.

'잘 다진다' 는 말은 자비가 습성화되어서 명상 시에는 물론 일상 행동 중에서 애쓰지 않고도 자비심에 잠겨있을 수 있게 됨을 의미한다.

'완성시킨다' 함은 총력을 기울여 고수(固守)하고 계발해서 이루어낸 완성 형태를 말한다. 경에서 자비의 열한 가지 복을 들어 상세히 설명한 대로 완벽한 안녕과 정신적 지복을 누릴 수 있는 충분히 통합된 상태의 성취를 가리키고 있는 것이다.

진실로 자비의 공덕은 크고도 넓다. 부처님을 따르는 사람에게는 자비야말로 언제 어디서나 이롭게 쓸 수 있는 여의주나 다름없다.

『숫따니빠따(Suttanipāta, 經集)』에 실려 있는 『자비경(慈悲經)』의 내용을 음미해 보자.

"모든 존재는 다 행복하고 안락하라. 마음의 만족을 얻어라. 연약하거나 강하거나, 길거나(크거나) 억세거나, 중간치이거나 짧거나, 작거나 크거나, 보이거나 보이지 않거나, 그 어떤 살아 있는 존재들 모두 예외 없이 다 행복하라. 어떤 경우든 다른 사람을 속이거나 경멸하지 말라. 분노와 악의를 품고 다른 사람에게 해를 끼치려고 하지 말라.

어머니가 위험의 순간에도 자식을 지키듯이 모든 존재에 대해 한량없는 자비심을 내도록 하라. 어떤 장애나 증오나 적개심도 없이 한량없는 자비심을 위든 아래든 가로지르든 온 세상에 행하라.

서 있을 때나 걸을 때나 앉아 있을 때나 누워 있을 때나 깨어 있는 한 이러한 마음가짐을 유지하도록 하라. 이를 삶의 신성한 경지(梵住)라 한다.

삿된 소견에 빠지지 말고 계를 지키며 지견(知見)을 갖추어 모든 감각적 욕망에 대한 집착을 버려라. 바로 이러한 사람이야말로 다시는 모태(母胎)로 돌아가지 않고 윤회에서 벗어나게 된다."

이 경전의 말씀과 같이, 자비심의 계발 혹은 수행(mettābhāvanā)이 곧 '자비의 공덕(mettā-ānisaṁsa)'인 것이다.

자비를 행하면 스스로 얻는 바 이로움이 많은 것은 더 말할 필요도 없다. 안녕, 건강, 마음의 평화, 밝은 모습, 그리고 모든 사람들로부터 받는 사랑과 선의 등이야말로 자비관을 닦아서 얻게 되는 크나큰 인생의 행복이다. 그러나 더욱 경이로운 것은 자비가 주위환경과 다른 존재들에게 미치는 효과이다. 이 자비의 영향을 받는 존재에는 사람들뿐만 아니라 동물과 천신들까지도 포함된다.

진실로 자비의 힘은 이루 다 말할 길이 없다. 팔리경전에 대한 주석서는 승려들뿐 아니라 일반인들이 오로지 비이기적 사랑인 자비의 힘만으로 무기나 독을 위시한 갖가지 위험을 극복해 낸 사례들을 수없이 많이 담고 있다.

대부분의 사람들은 자신의 경험을 통해 자비보다 더 효율성이 크고 결실도 잘 맺는 원칙이나 행동 지침이 없다는 것을 알 수 있게 된다. 사람들이 행동 방향을 공격과 악의 대신 자비로 대체시키기로 결정만 하면 세계는 진정한 평화의 안식처로 바뀔 것이다. 이 세계의 평화가 진정한 것이 되고 또 지속적인 것이 되려면 사람들이 스스로 그 자신부터 평화로워지고 남들에게 무한한 선의를 품는 길 말고는 다른 어떤 길도 있을 수 없다.

몸과 말과 마음으로 실천하는 자비관

남방불교에서는 명상의 한 방법으로 자비관 수행이 널리 행해지고 있다. 그 가운데 모든 존재들의 행복을 위한 자비관을 마음으로 다짐하기 위한 가르침이 있다. ① 몸으로 실천하는 자비관, ② 말로 실천하는 자비관, ③ 마음으로 실천하는 자비관 등이다. 이러한 자비관을 실천함으로써 얻게 되는 이익은 다음과 같다.

즉 사랑과 존경과 우정이 찾아오게 될 것이다. 결속을 다지게 되고 같은 생각을 지니게 되며, 조화를 이루게 될 것이다. 그리고 모든 행동은 성공하게 되며, 평화로운 세계를 만들게 될 것이다. 끝으로 미얀마 찬매 수행센터에서 행해지고 있는 '모든 존재들의 행복을 위한 기원(자비관)'을 소개한다.

모든 존재들의 행복을 위한 기원

"모든 생명 있는 존재들이 안락하고 행복하며, 괴로움과 재난에서 벗어나기를 기원합니다.

모든 이들이 하고자 하는 일이 모두 이루어지기를 기원합니다.

모든 생명 있는 존재들이 해악(害惡)과 미워하는 마음, 근심과 슬픔에서 벗어나기를 기원합니다.

모든 이들이 진정한 행복과 마음의 평온을 즐기기를 기원합니다.

모든 생명 있는 존재들이 분노와 기만, 남을 해치려는 마음에서 벗어나서, 남에게 해를 끼치고 살해하는 일에는 티끌만큼도 마음을 기울이지 않기를 기원합니다.

모든 이들이 순수한 마음을 지니고 자애와 선행에 마음을 기울이기를 기원합니다.

모든 생명 있는 존재들이 남을 속이는 일과 야비한 마음씀을 삼가기를 기원합니다.

남을 헐뜯는 말, 거친 말, 위협하는 말, 화나게 하는 말, 빈

말, 쓸모없는 말을 하는 것을 삼가기를 기원합니다.

모든 이들이 진실되고, 유익하며, 의미 있고, 사랑스러우며, 자애로움을 표현하는, 듣기 좋은 말을 하기를 기원합니다.

모든 생명 있는 존재들이 다른 이의 재산을 훔치는 일, 남의 행복을 파괴하는 일, 잘못된 생각을 지니는 일을 삼가기를 기원합니다.

모든 이들이 잘못된 생각, 탐욕, 성내는 일에서 벗어나, 모두 함께 평화롭기를 기원합니다.

모든 생명 있는 존재들이 풍요로우면서도 남에게 베푸는 일에 솔선하고, 재일(齋日)과 계율을 잘 지키며, 자신의 행위를 올바르게 제어하기를 기원합니다.

모든 이들이 마음집중(定)과 지혜(慧)를 닦아, 마음이 평화롭고, 심신이 건강하며 행복하기를 기원합니다.

모든 기원이 성취되기를 간절히 발원합니다."

포교(布敎)의 공덕

전도선언의 정신

부처님의 가르침을 널리 펼치는 것을 포교(布敎)라고 한다. 가르침을 널리 전한다는 의미로 전법(傳法) 혹은 전도(傳道)라고도 부른다. 종교의 생명은 오직 포교에 달려 있다.

만일 불교의 교주이신 석가모니 부처님께서 보리수 밑에서 깨달음을 이루고 나서 법을 설하지 않았다면 이 땅에 불교는 존재하지 않았을 것이다. 부처님께서 자신이 깨달은 바 진리를 설했기 때문에 불교가 성립된 것이다. 그리고 부처님의 제자들도 한결같이 부처님을 본받아 끊임없이 법을 전했다. 그 결과 오늘 우리에게 불교가 전해지게 된 것이다. 따라서 미래에까지 불교가 살아남기 위해서는 포교가 필수적임은 말할 나위 없다.

부처님의 가르침을 알았으면, 마땅히 다른 사람들을 위해 법을 설해 주어야 한다. 포교는 이 시대 모든 불자들에게 부과된 사명이며, 불교의 사활(死活)과 관련된 매우 중요한 덕목이다.

깨달음을 이룬 부처님은 오랫동안 망설이다가 마침내 범천의 권청을 듣고 전법을 결심했다. 전법을 결심한 부처님은 녹야원으로 자리를 옮겨 다섯 비구들에게 처음으로 법을 설했다. 이것을 초전법륜(初轉法輪)이라고 부른다. 이 초전법륜을 계기로 비로소 종교의 삼대 요소인 교주(佛)·교리(法)·교단(僧)이 성립되었다.

그 후 교단에 60명의 출가 제자가 생겼을 때, 부처님은 저 유명한 전도선언(傳道宣言)을 단행했다. 이 전도선언이야말로 불교 역사상 가장 획기적인 사건이었다. 그런데 이 전도선언에 불교포교의 목적과 방법 등이 모두 기술되어 있다.

"세존께서 다음과 같이 말씀하셨다. 비구들이여, 나는 신들과 인간들의 덫에서 벗어났다. 비구들이여, 너희들도 신들과 인간들의 덫에서 벗어났다. 비구들이여, 길을 떠나라. 많은 사람들의 이익을 위해서, 많은 사람들의 행복을 위해서, 세상에 대하여 자비를 베풀기 위해서, 신들과 인간들의 이익과 축복 및 행복을 위해서. 둘이서 한 길로 가지 마라.

비구들이여, 처음도 좋고 중간도 좋고 끝도 좋으며, 뜻과 문장이 훌륭한 법을 설하라. 오로지 깨끗한 청정한 삶을 드러내라. 눈에 티끌 없이 태어난 사람이 있지만 그들은 가르침을 듣지 않았기 때문에 버려지고 있다. 그들은 가르침을 아는 자가 될 수 있을 것이다. 비구들이여, 나도 또한 가르침을 펴기 위해서 우루벨라의 세나니 마을로 간다."[43]

이 전도선언에 의하면, '많은 사람들의 이익과 행복을 위하여. 세상을 불쌍히 여기고, 인천(人天)의 이익과 행복과 안락을 위하여' 전도를 하지 않으면 안 된다고 그 목적을 분명히 밝히고 있다. 그리고 전도하는 구체적인 방법까지 제시하고 있다. 즉 '비구들이여, 처음도 좋고 중간도 좋고 끝도 좋으며, 뜻과 문장이 훌륭한 법을 설하라. 오로지 깨끗한 청정한 삶을 드러내라.'고 부처님은 말씀했다.

다른 종교처럼 막무가내로 믿으라고 강요하는 것이 아니다. 부처님의 가르침은 합리적이기 때문에 논리 정연하게 설하여 상대방이 완전히 이해하고 받아들이도록 하라는 것이다. 이에 덧붙여 '깨끗한 청정한 삶을 드러내라'고 하여 법을 전하는 자의 자세도 아울러 당부하고 있음을 알 수 있다.

불교는 역사상 전도 과정에서 단 한 방울의 피도 흘리지 않았다. 다른 종교에서는 그 유례를 찾아 볼 수가 없다. 이러한 전통은 2,500여 년이 지난 지금까지도 그대로 지켜지고 있다.

포교의 부촉(付囑)

앞에서 살펴본 전도선언의 정신을 계승하여 포교를 부촉한 대목은 대승경전은 물론 초기경전에서도 많이 발견할 수 있다. 그런데 특히 대승경전에서는 포교만을 별도로 다룬 것보다는 수지(受持)·독송(讀誦)·서사(書寫)·전법(傳法) 혹은 분별

---

43) *Saṃyutta-nikāya*(PTS) Vol. Ⅰ, pp.105~6; *Vinaya piṭaka*(PTS) Vol. Ⅰ, pp.20~21.

(分別)·해설(解說) 등을 함께 설하고 있는 경우가 더 많다.

앞에서 언급한 전도선언에 의하면, 비록 지혜로운 자라 할지라도 법을 듣지 않으면 퇴락하고 만다는 대목이 있다. 그런데 『화엄경』에서도 이와 똑같은 취지의 내용이 언급되어 있다.

"어둠 속에 보물이 있다 해도 등불 없이는 못 보는 것처럼, 부처님의 가르침을 설하는 사람이 없으면 슬기로운 사람도 깨닫지 못한다."

이것은 우리가 왜 포교를 하지 않으면 안 되는가를 분명히 밝힌 대목이다. 포교에 뜻을 둔 사람이라면 깊이 음미해 보아야 할 것이다.

『지세경(持世經)』에 이런 말씀이 나온다. "너희들은 말세에서 마땅히 무량겁(無量劫)에 걸쳐 모아진 이 가르침의 곳집〔法藏〕을 잘 열어 사람들에게 주며, 널리 사부대중을 위해 분별해 해설함으로써, 이 바른 가르침의 씨가 끊어지는 일이 없도록 해야 하느니라."고 했다. 경전의 말씀대로 정법의 씨가 끊어진다면 이 세상은 어떻게 되겠는가. 생각할 수도 없는 일이다.

포교의 공덕

포교의 공덕에 대해서는 반야부 경전에서 특히 강조되고 있다. 『금강경(金剛經)』에 의하면, "만약 어떤 사람이 이 경 중에서 사구게(四句偈)라도 수지하여 남을 위해 설한다면, 그 공덕이 매우 많을 것이다."라고 했다.

『월등삼매경(月燈三昧經)』에 "만약 보살마하살이 이 삼매 경전을 수지 독송하고 다른 사람을 위해 해설하거나 그 설한 바와 같이 수행하면 네 가지 공덕을 얻는다. 네 가지란 무엇인가.

첫째는 가득한 복덕을 성취한다. 둘째는 원수를 만들지 않는다. 셋째는 가없는 지혜를 성취한다. 넷째는 한량없는 변재를 성취한다. 만약 보살마하살이 있어 이 삼매 경전을 수지 독송하고 마음 속 깊이 사유하여 다른 사람을 위해 널리 설한다면 이와 같은 네 가지 공덕을 얻는다."[44]라고 했다.

『발보리심경(發菩提心經)』에서는 "남을 위해 경전을 설하여 가르치면, 이런 사람은 응당 부처님을 가까이하여 존중하고 공경한 것이 될 것이다."라고 했다. 부처님은 한 사람이라도 더 구제하고자 하는 염원을 갖고 계신다. 이러한 부처님의 바람을 몸소 실천하는 것은 곧 부처님의 뜻을 존중하고 공경하는 것이 된다.

『현자오복덕경(賢者五福德經)』에서는 구체적으로 포교의 공덕을 나열하여 설명하고 있다.

"부처님께서 비구들에게 이르셨다. 현자(賢者)가 부처님의 가르침을 설하면 다섯 가지 복덕이 있다. 다섯 가지란 무엇인가.

---

44) 大正藏 15권, p.573上.

첫째는 장수함이요, 둘째는 크게 부유함이요, 셋째는 아리
따움이요, 넷째는 명예가 멀리까지 들림이요, 다섯째는 현명
하여 큰 지혜를 얻음이다.

무슨 이유로 가르침을 설하는 사람에게 이런 복덕이 있는
가. 전세에서 설법할 때에 살생을 좋아하는 사람이 그 가르침
을 듣고, 곧 악행을 그쳐 죽이지 않게 되었으므로 장수하게
되는 것이다.

전세에서 설법할 때에 도둑질하는 사람이 그 가르침을 듣
고, 곧 악행을 그쳐 훔치지 않을 뿐 아니라 자기 재물을 남에
게 주게 되었으므로 크게 부유하게 되는 것이다.

전세에서 설법할 때에 가르침을 들은 사람이 화평한 기운
이 안색을 기쁘게 해 저절로 광택(光澤)이 났으므로 아리따워
지는 것이다.

전세에서 설법할 때에 가르침을 듣는 사람으로 하여금
불·법·승을 공경케 했으므로 명예를 얻게 되는 것이다.

그리고 전세에서 설법할 때에 가르침을 듣는 사람으로 하
여금 뛰어난 지혜를 깨닫게 했으므로 현명하여 큰 지혜를 지
니게 되는 것이다. 이것이 다섯 가지다. 경전의 가르침을 설
하는 자의 복 얻음이 이와 같다."라고 했다.

이 경에 의하면 설법을 들은 어떤 사람이 그 설법으로 인해
얻게 되는 공덕이 곧 설법자의 공덕으로 되돌아오게 된다는
것이다.

한편 포교하는 것을 상인의 장사에 비유하여 설명한 문헌

도 있다. 『대법거다라니경(大法炬陀羅尼經)』에 이르길, "상인이 조그마한 재물이라도 이를 팔아 이익을 얻고자 힘쓰면, 이 사람의 재산이 해와 달을 따라 점차 늘어나 창고가 가득 차고 많은 사람을 구제할 수 있게 된다. 그러나 만약 장사를 하지 않을 때에는 재물이 늘지 않는 것은 고사하고 뒤에 흉년이라도 만나면 살아갈 방도마저 잃게 될 것이다. 설법하는 사람도 마찬가지다. 언제나 가르침을 설해 게으름을 피우지 말도록 해야 한다. 왜냐하면 늘 가르침을 설하는 경우에는 법성(法性)을 끌어내어 인천(人天)에게 이익을 줌으로써 선근을 성취하고 온갖 악을 없애게 할 수 있다. 하지만 만약 설해서 펴지 않는다면 불법은 쇠하여 끊어지고 말아서 악도(惡道)를 왕성하는 결과가 될 것이다."라고 했다.

이 경전에 의하면 설법은 한 번으로 그쳐서는 안 된다. 계속적으로 반복하여 물러나지 않도록 해야 한다는 것이다. 왜냐하면 설법을 들을 때는 그 가르침대로 살아야겠다고 다짐하지만 범부들은 곧장 잊어버리기 때문이다. 그러므로 반복해서 법을 설해 발심하게 해야 하는 것이다.

포교자의 자세

『장아함경(長阿含經)』에서 설법자의 마음가짐에 대해 언급한 대목이 주의를 끈다. "만약 비구가 있어 남을 위해 설법하면서, 내가 저 사람을 위해 설법하는 것이기 때문에 그는 나를 믿고 공경하여 나에게 음식이나 의복 따위를 많이 줄 것이라 생각하고 설한다면, 이는 청정하지 못한 설법이다. 만약 비구가 있어서 남을 위해 설법하면서, 듣는 자로 하여금 부처님의 가르침을 깨닫고 이해하여 현재의 괴로움을 제거하고 온갖 번뇌를 떠나게 하고자 설하는 것은 청정한 자비의 설법이다."라고 했다. 이 가르침은 어떤 대가를 염두에 두고 설법하는 것은 진정한 의미의 설법이 아님을 지적한 것이다.

『십주비바사론(十住毘婆沙論)』에서는 설법자의 자질에 대해 다음과 같이 말하고 있다.

"가르침을 설하는 사람은 응당 네 가지 일을 행해야 한다. 첫째는 널리 많이 배워 온갖 언사(言辭)와 어구(語句)를 지님이요, 둘째는 세간·출세간의 온갖 사물의 생멸하는 모양을 정당하게 잘 이해함이요, 셋째는 선정의 지혜를 얻음으로써 모든 경전의 가르침을 따라 번뇌가 없음이요, 넷째는 파괴됨이 없어서 부처님께서 설하신 대로 실천함이다."

남의 스승이 된다는 것은 참으로 어려운 일이다. 설법에 앞서 과연 내가 설법자로서 자격이 있는지 스스로 반문해 보아야만 할 것이다.

사경(寫經)의 공덕

사경의 의미

사경이란 글자 그대로 경문(經文)을 손으로 직접 필사(筆寫)하는 것을 말한다. 경전이 문자로 기록되기 전에는 구전(口傳)으로 암송되었다. 즉 고대에는 입으로 경과 율을 전했으나, 나중에는 문자로 기록하여 전했다. 따라서 자연적으로 경전을 그대로 옮기는 필사, 즉 사경이 중요한 몫을 차지하게 되었다.

이처럼 사경의 역사는 부처님의 가르침을 문자로 기록하면서부터 시작되었다고 볼 수 있다. 그만큼 사경의 역사는 오래되었으며, 불교가 각 지역으로 전파되면서 경전의 수지독송과 연구, 포교를 위해 수많은 사경이 이루어졌다.

남방에서 전하는 패엽경이란 패다라수 나뭇잎에 가는 송곳으로 필사한 후 그 위에 먹물을 먹여 보존한 것이다. 종이가 발견되기 이전부터 사용해 오던 방법인데 지금도 그렇게 경전을 필사하기도 한다.

이처럼 인쇄술이 발달하기 전에는 경문을 필사하는 것에

큰 의미를 부여했다. 자연적으로 사경의 공덕이 높이 평가되지 않을 수 없었다. 이러한 이유 때문에 많은 불교 문헌에서는 사경의 공덕을 찬탄한 부분이 많이 남아 있게 된 것이다.

근래에는 경전의 보급을 위해서가 아니라 하나의 수행 방법으로 사경이 널리 권장되고 있다. 다시 말해서 오늘날의 사경은 경전을 문자로 기록하여 보존하겠다는 의미보다 자신의 원력과 신심을 사경이라는 방법을 통해 더욱 증진시키고자 하는 데 더 큰 의미를 부여하고 있다.

사경의 목적은 예로부터 국가를 진호(鎭護)하기 위하거나, 부모 혹은 조상의 명복(冥福)을 빌거나, 자신의 미래를 위하거나, 보리심(菩提心)을 발하기 위하거나, 현세에 복덕을 구하기 위해서 이루어졌다.

이러한 사경에는 여러 날 동안 쓴 점사경(漸寫經), 한 사람이 대부경(大部經)을 쓴 일필경(一筆經), 피로 쓴 혈사경(血寫經), 혹은 금분이나 은분으로 쓴 금은니경(金銀泥經) 등이 있다.

사경의 공덕

사경을 하면 다음과 같은 공덕이 있다.

첫째, 산란심이 사라지고 마음이 안정된다. 사경은 정신이 통일되지 않으면 불가능하다. 무아(無我)의 경지에 도달해야만 비로소 훌륭한 사경이 이루어진다. 사경은 한 글자 한 글자에 한 부처님을 조성하는 마음으로 한 점 한 획에 온갖 정성을 다 기울인다. 이러한 과정을 통해 산란했던 마음은 사라지고 마음의 평정을 얻게 된다.

둘째, 심신(心身)이 정화된다. 사경하는 방법에는 글자 한 자를 쓰고 한 번 절하는 일자일배(一字一拜)의 사경법이 있으며, 글자 한 자를 쓰고 세 번 절하는 일자삼배(一字三拜)의 사경법이 있고, 한 줄을 쓴 다음 삼배를 올리는 일행삼배(一行三拜)의 사경법이 있다. 그만큼 정성을 기울여 사경한다는 뜻이다. 이러한 사경을 통해 자신도 모르는 사이에 몸과 마음이 정화된다.

셋째, 번뇌를 벗어나서 두뇌가 명석해 진다. 사경은 경건한 마음가짐으로 조용히 정좌하고 호흡을 가다듬어 정신을 집중하여 사경에 임하게 된다. 이러한 사경으로 말미암아 번뇌와 미혹의 마음에서 벗어나게 된다. 그리고 사경하는 동안 청정한 몸과 마음이 되어 부처님의 마음과 통하게 되면 지혜의 빛이 발하게 된다.

넷째, 경전의 내용을 깊이 이해하게 된다. 간경은 눈으로 경전을 읽는 것이지만, 사경은 눈으로 경전을 읽고 그것을 직접 손으로 쓰는 것이기 때문에 글자 한 자 한 자에 담겨져 있는 깊은 뜻을 되새겨 보게 된다. 이로 말미암아 경전에 대한 안목이 더욱 깊어진다.

다섯째, 일상생활에서 즐거움이 충만하여 가정이 화목해 진다. 일반적으로 사경은 어떤 일정한 시간과 기간을 정해 놓고 하루도 빠짐없이 행하게 된다. 이 때 정신을 집중하여 사경을 행함으로써 몸과 마음이 정화됨은 물론 몸과 마음의 안락과 행복을 느끼게 된다. 이러한 안락과 행복감은 다시 이웃의 존재에 대한 자비심으로 나타나게 된다. 그러므로 하루하루의 생활이 기쁨으로 충만하게 된다.

한편 사경한 불경을 불상과 불탑에 공양하면 부처님의 보호와 위신력으로 일체의 재앙이 소멸되고 현세의 복락을 성취하게 된다.

해인사 팔만대장경의 원본도 사경으로 이루어진 것이다. 그런데 대장경 전체가 한 사람이 쓴 것처럼 그 글씨체가 똑같다. 얼마나 많은 정성이 들어갔겠는가. 이런 정성이 있었기에 팔만대장경 경판의 가치는 논하기 어렵다. 전란 중에 급히 마음먹지 않고 16년 동안 81,340장이라는 거대한 불사를 이뤄냈다는 사실을 상기해 보면 가슴이 뭉클해진다.

조선 중기에 살았던 대은 낭오(大隱 朗旿) 스님은 계율에 엄격한 율사였다. 대은 스님은 『법화경』·『범망경』·『지장경』을 손으로 낱낱이 베껴 쓰되, 한 줄 쓰고는 반드시 삼배하였으며, 『화엄경』80권도 그렇게 사경했다고 한다. 쓰기를 마친 날 문득 한 범승(梵僧)이 찾아와서 사경 공덕을 지극히 찬탄하였다고 한다. 대은 스님이 평생 동안 사경한 권수는 총 39권, 자획이 구슬 펜 듯 한결같고 강철같이 곧은 느낌을 주어서 법보(法寶)라 사람들이 찬탄하였다고 한다.

최근 북한을 방문하고 돌아온 사람에게 들은 이야기이다. 금강산 어떤 절에 한 스님이 자신의 피를 뽑아 『화엄경』80권을 사경한 것을 전시해 놓았는데, 처음부터 끝까지 글씨가 한결같았다고 한다. 그는 자신도 모르는 사이에 머리를 조아려 예경 드렸다고 한다. 옛 사람들의 사경 정신이 오늘에도 계속 되었으면 하는 마음 간절하다.

불경 출판의 공덕

예전에는 인쇄술이 발달하지 못하여 직접 서사하는 필사가 필수적이었다. 그러나 현대의 사경은 하나의 수행법으로 채택될 뿐, 경전을 널리 유포하겠다는 불경 출판(佛經出版)의 공덕은 점차 그 기능을 상실하고 있는 듯하다. 그래서 여기서는 불경 출판의 공덕에 대해 알아본다.

석가모니 부처님께서 무량한 중생들을 위하여 45년간 설법하신 말씀을 집대성한 것이 대장경이다. 이 속에는 심히 깊고 오묘한 이법(理法)과 만고불변(萬古不變)의 진리가 담겨져 있다. 또 이 속에는 무궁무진한 보배가 담겨져 있는 까닭으로 무진보장(無盡寶藏)이라고도 한다.

이렇듯 소중한 보배이며, 인류의 문화유산 가운데에서도 가장 으뜸이 되는 불경(佛經)을 서사(書寫)하거나 인쇄하여 유포하는 공덕을 어찌 범부의 사량(思量)으로 헤아릴 수 있으며, 필설(筆說)로 다할 수 있으리오.

다만 여기서는 중화민국의 인광(印光) 대사가 지은 문초(文鈔) 권4에 나오는 「인조경상지공덕(印造經像之功德)」 일문(一文)을 소개함에 그치고자 한다.[45] 이 글에서는 불상(佛像) 및 불화(佛畵)를 조성(造成)하거나 불경을 출판할 경우 다음과 같은 열 가지 공덕이 있다고 했다.

첫째, 종전에 지은 바 가지가지의 죄악과 과오(過誤)가 있더라도, 가벼운 사람은 선 자리에서 곧 소멸되고, 무거운 사람은 점차 가벼워진다.

둘째, 항상 길신(吉神)이 옹호하므로 일체의 전염병과 수재(水災)·화재(火災)·도적(盜賊)에게 빼앗기는 일, 흉기에 다치는 일, 감옥에 갇히는 일 등 일체의 재난을 받지 않는다.

셋째, 오래도록 원한이 맺힌 원수를 대하더라도 감응시켜 법을 이익되게 하고 해탈을 얻게 하므로 원수에게 보복을 당하는 고통을 영원히 면한다.

넷째, 야차(夜叉)와 악한 귀신이 능히 침범치 못하고, 독사와 굶주린 호랑이 등 일체의 짐승들이 해치지 않는다.

다섯째, 마음에 안위(安慰)를 얻고, 날마다 험한 일은 없어지며 밤에는 악몽(惡夢)을 꾸지 않고, 얼굴색이 빛나고 윤택해지며, 기력(氣力)이 충만하여 넘치고, 하는 일마다 길하고 이롭다.

여섯째, 지극한 마음으로 불법을 받들므로 비록 구하고 바라는 것이 없으나 자연 의식(衣食)이 풍족하고, 가정이 화목하며, 복덕과 수명이 길어진다.

일곱째, 말하고 행동함에 사람과 하늘이 기뻐하므로 어느

---

45) 印光大師撰, 『印光大師文鈔菁華錄』(臺北: 佛陀敎育基金會出版部, 1991), pp.258~266에 나오는 '印造經像之功德'을 抄譯한 것이다.

곳에 가더라도 항상 많은 대중이 정성을 기울여 사랑하고 받들며, 공경하고 예배한다.

여덟째, 어리석은 사람은 지혜로워지고 병든 사람은 건강하게 되며, 빈곤한 사람은 부자가 되고, 여자의 몸이지만 은혜에 보답하는 나날이 계속되면 남자의 몸을 빨리 받는다.

아홉째, 지옥·아귀·축생과 같은 악도(惡道)를 길이 여의고, 선도(善道)에 태어나며, 얼굴의 생김새가 단정하며, 나면서부터 타고난 기품이 뛰어나며, 복록(福祿)이 수승해진다.

열째, 능히 일체 중생을 위하여 선근(善根)의 종자를 심으며, 중생의 마음으로써 큰 복전(福田)을 지어서 헤아릴 수 없는 수승한 과보를 얻어 나는 곳마다 항상 부처님을 뵈옵고 법을 얻어 들으매 곧바로 삼혜(三慧)[46]가 크게 열리어 육신통(六神通)[47]을 증득하고 속히 성불(成佛)하게 된다.

불상·불화를 조성하거나 혹은 개금(改金)하고 불경을 출판

---

[46] 삼혜(三慧)는 문혜(聞慧)·사혜(思慧)·수혜(修慧)를 말한다. 즉 ① 문혜(聞慧)는 보고 듣고서 얻는 지혜이다. ② 사혜(思慧)는 고찰하여 얻는 지혜이다. ③ 수혜(修慧)는 고찰을 마치고 입정(入定)한 뒤에 수득(修得)하는 지혜를 말한다.

[47] 육신통(六神通)의 신(神)은 불가사의(不可思議)라는 뜻이고, 통(通)은 무애(無碍)라는 뜻이다. 삼승(三乘)의 성자(聖者)가 신묘불측(神妙不測) 무애자재(無碍自在)한 육종(六種)의 지혜를 얻는 신통을 말한다. 줄여서 육통(六通)이라고 하기도 한다. ① 천안통(天眼通)은 육안으로 볼 수 없는 것을 보는 신통이다. ② 천이통(天耳通)은 보통 귀로는 듣지 못할 음성을 듣는 신통이다. ③ 타심통(他心通)은 다른 사람의 의사를 자재하게 아는 신통이다. ④ 숙명통(宿命通)은 지나간 세상의 생사를 자재하게 아는 신통이다. ⑤ 신족통(神足通)은 부사의(不思議)하게 경계를 변하여 나타내기도 하고 마음대로 날아다니기도 하는 신통이다. 여의통(如意通)이라고도 한다. ⑥ 누진통(漏盡通)은 자재하게 번뇌를 끊는 힘을 말한다.

하면 이와 같은 수승한 공덕이 있다. 그러므로 무릇 오래 살기를 빌거나[福壽], 기쁘고 경사스런 일이 있거나[賀喜], 재난을 면하고자 하거나[免災], 바라는 바 소원을 기원하거나[祈求], 잘못을 뉘우치거나[懺悔], 과거(科擧)나 입시(入試)에 임할 때를 만나면 모두 기쁜 마음으로 불상을 조성하는 데 힘쓰고, 경전을 인쇄하여 널리 보시하기를 권한다.

문법(聞法)의 공덕

문법의 중요성

문법(聞法)이란 글자 그대로 '법을 듣는다'는 뜻이다. 문법의 공덕은 설법의 공덕과 함께 설해지는 경우가 많다. 『법화경』「방편품」에 다음과 같은 대목이 나온다.

"이 세상에는 네 가지의 어려움이 있다. 첫째는 부처님을 만나기 어렵고, 둘째는 정법을 설하기 어렵고, 셋째는 정법을 듣기 어렵고, 넷째는 법을 들어도 믿음으로 받아들이기가 어렵다." 여기서 말하는 '정법을 듣기 어렵다'는 것이 곧 문법과 관련된 것이다.

포교의 공덕에서도 이미 인용한 바와 같이 부처님의 전도선언(傳道宣言)은 포교의 중요성을 역설한 것이지만, 문법의 중요성도 아울러 지적하고 있다. 이 전도선언에서 부처님은 법을 설하지 않으면 안 되는 이유를 설명하고 있다.

즉 "눈에 티끌 없이 태어난 사람이 있지만 그들은 가르침을 듣지 않았기 때문에 버려지고 있다. 그들은 가르침을 아는 자가 될 수 있을 것이다."라는 대목이다.

이 내용은 아무리 착한 사람이라 할지라도 법을 듣지 않으면 삿된 길로 떨어질 염려가 있다는 것이다. 다시 말해서 '법을 듣지 않으면 타락하고, 법을 들으면 깨달아 얻는다'는 것이다. 참으로 의미심장한 말이다. 우리가 왜 법회에 자주 참석하여 법문을 들어야만 되는가. 그것은 자주 법을 듣지 않으면 타락하게 되기 때문이다.

대승불교의 불신관(佛身觀)에 의하면, 진리의 당체이신 비로자나불은 온 법계에 충만해 계시면서 항시 법을 설하고 계신다. 즉 모든 부처님은 과거에도 법을 설하셨고, 지금도 설하고 계시며, 미래제가 다하도록 법을 설하실 것이다. 다만 우리 범부들은 그 진리의 법음(法音)을 듣지 못하고 있을 뿐이다.

사실 모든 부처님의 설법은 어떤 한정된 시간과 공간이 따로 설정되어 있는 것이 아니다. 따라서 이러한 도리를 깨달아 여래의 상주설법(常住說法)을 듣는 자는 곧 부처님의 경계에 들어가게 되는 것은 당연한 이치이다. 하지만 이것은 상근기(上根機)가 아니고서는 상주설법을 듣기 어렵다.

왜냐하면 보살은 원력에 의한 삶을 살기 때문에 부처님의 상주설법을 들을 수 있지만, 범부 중생들은 업력으로 말미암아 경계에 끌려 다니기 때문이다. 그러므로 끊임없이 법을 듣지 않으면 안 된다.

문법의 공덕

『화엄경』「보현행원품」에 이르길, "어떤 선남자 선여인이 시방 무량무변 불가설 불가설 불찰 극미진수 일체 세계에 가득한 으뜸가는 묘한 칠보와 또한 모든 인간과 천상에서 가장 수승한 안락으로 저 모든 세계에 계시는 불보살께 공양하기를 저 불찰극미진수겁을 지내도록 항상 계속하고 끊이지 아니하여 얻을 공덕과 다시 어떤 사람이 원왕(願王)을 잠깐 동안 듣고 얻을 공덕에 비교하면 앞에 말한 공덕은 백분의 일도 되지 못하며, 천분의 일도 되지 못하며 내지 우파니사타분의 일에도 또한 미치지 못하느니라."라고 했다.

이 경전의 말씀은 무량한 보시의 공덕보다 잠깐 동안이라도 법을 듣는 공덕이 더 수승(殊勝)하다는 것이다. 왜냐하면 보시는 언젠가는 다함이 있는 유루(有漏)의 공덕이지만, 법을 들어 깨달음을 성취하는 것은 다함이 없는 무루(無漏)의 공덕이기 때문이다.

또한 『화엄경소(華嚴經疏)』에서는 『화엄경』을 들으면, 열 가지 이익이 있다고 하였다. 『화엄경』은 중중(重重) 무진한 법계연기(法界緣起)의 대원리를 설한 경이므로 앞서 언급한 ① 부처님의 상주 설법을 보고 들을 수 있으며, ② 보현보살의 광대무변한 서원을 본받아 크게 발심하게 되고, ③ 닦음을 성취하게 되며, ④ 개오(開悟)를 단박 얻게 되고, ⑤ 번뇌가 없어지고 장애를 벗어나며, ⑥ 높은 수행의 계위(階位)에 들어가게 되고, ⑦ 원융무애(圓融無碍)한 광대행을 성취하게 되며, ⑧ 진실한 법의 성품을 요달하게 되고, ⑨ 일체 중생이 모두 여래와 같은 지혜를 본래 갖추고 있음을 널리 선양하여 모든 중생들을 요익케 하게 되며, ⑩ 널리 닦아 생사를 벗어나 속히 보리를 증득하게 된다고 하였다.

『월등삼매경(月燈三昧經)』에 많이 들음[多聞]의 열 가지 이익[48] 에 대하여 언급하고 있다.

첫째, 번뇌를 살펴서 안다. 모든 부처님은 번뇌를 버리고 청정에 머물게 하고자 법을 설하기 때문에 법을 많이 들으면 번뇌와 청정의 차이를 여실히 알게 된다.

둘째, 청정의 이익을 안다. 모든 부처님은 청정의 이익을 통달하였기 때문에 번뇌와 의혹을 과감히 떠나 청정법을 가까이 하여 머문다. 또한 다른 이를 위해 그와 같이 설하기 때문에 많이 들으면 청정이 어떤 도움을 주는가를 알게 된다.

셋째, 의혹을 멀리 떠난다. 중생은 법을 듣지 않았기 때문에 진리에 대하여 의심을 품게 된다. 그러나 법을 들으면 지혜가 생기기 때문에 그 지혜로써 온갖 의혹을 제거한다.

넷째, 올바른 견해를 일으킨다. 비록 삿된 견해에 빠진 자라 할지라도 자주 법을 들으면 올바른 견해를 갖추게 된다.

다섯째, 잘못된 길을 멀리 떠난다. 법을 듣지 않아서 어떤 길이 잘못된 것인지 알지 못한다. 그러나 법을 많이 들으면

---

48) 多聞十種利益: 一者知煩惱資助. 二者知淸淨助. 三者遠離疑惑. 四者作正直見. 五者遠離非道. 六者安住正路. 七者開甘露門. 八者近佛菩提. 九者與一切衆生而作光明. 十者不畏惡道.
〔大正藏 15권, p.585中.〕

바른 진리의 길을 찾게 되므로 자연적으로 잘못된 길에서 완전히 벗어나게 된다.

여섯째, 바른 길에 편안히 머문다. 법을 들어 얻은 바른 견해로 언제나 악도를 떠나 올바른 도의 길에 머문다. 법을 자주 듣는 사람은 언제나 정법(正法)에 귀의한다. 외도(外道)의 가르침에 결코 현혹되지 않는다.

일곱째, 감로문(甘露門)을 연다. 감로문이란 불사(不死)의 문을 말한다. 즉 죽음이 없는 문을 연다는 뜻이다. 법을 많이 들음으로 말미암아 생사 윤회의 고통에서 벗어날 수 있는 길을 찾기 때문에 감로의 문을 연다고 한 것이다.

여덟째, 부처님의 깨달음을 가까이 한다. 아무리 어진 이라 할지라도 법을 듣지 않으면 점차 퇴보할 염려가 있다. 하지만 법을 많이 들으면 점차 부처님 가까이 다가가게 되는 것이다.

아홉째, 중생과 더불어 광명을 짓는다. 부처님은 중생들을 위해 자비 광명을 비추기 때문에 법을 자주 들으면 부처님의 광명을 중생과 더불어 수용하게 된다.

열째, 악도(惡道)를 두려워하지 않는다. 법을 많이 들어 올바른 견해에 안주하는데 무엇 때문에 새삼스럽게 악도에 떨어질 것을 염려하겠는가. 이러한 것들이 법을 많이 들음으로써 얻게 되는 열 가지 이익이다.

한편 『선가귀감』에 이런 대목이 나온다. "경을 들으면 귀를 거친 인연도 있게 되고, 따라 기뻐한 복도 짓게 된다. 물거품 같은 이 몸은 다할 날이 있지만 진실한 행동은 헛되지 않는다. 이것은 슬기롭게 배우는 것을 밝힌 것이다. 마치 금강석을 먹는 것과 같으며 칠보를 받아 가진 것보다도 더 낫다. 영명연수(永明延壽, 904~975) 선사가 말하기를 '듣고 믿지 않더라도 부처의 종자가 심어진 것이고, 배워서 이루지 못하더라도 인간이나 천상 복을 능가할 것이다'라고 하였다."

경전의 말씀을 단 한 번만이라도 귓가에 스친 인연으로 말미암아 언젠가는 깨달음을 증득할 수 있는 인연을 짓게 된다는 말이다.

이상에서 설명한 문법의 공덕을 요약하면, 법을 자주 들어야만 부처님의 경계에 들어가게 되며, 불교의 궁극 목표인 깨달음을 성취할 수 있다는 것이다. 우리가 지금까지 법을 듣지 못했다면 부처님이 어떤 분인지 또 무엇을 말씀하셨는지, 그리고 우리가 어떻게 살아야 하는가를 알지 못했을 것이다.

그러나 다행히도 이 글을 읽는 독자들은 이미 부처님의 법을 한 번이라도 들은 사람일 것이다. 우리가 법을 들음에 있어서 한 번 듣고 곧바로 이해하지 못하는 경우가 있다. 하지만 너무 염려할 필요는 없다. 자주 법문을 듣다 보면 언젠가는 그 정확한 의미를 이해하게 된다. 그래서 부처님의 말씀이 귓가에 한 번이라도 스치면, 깨달음의 종자가 된다고 옛 사람들이 말했다.

불가에서는 훌륭한 선지식을 찾아 끊임없이 법을 묻고 듣는 것을 중요한 수행의 과정으로 생각하고 있다. 또 법을 배움에 있어서는 지위의 높고 낮음이나 신분과 연령 등 세상에서 말하는 가치 기준으로 선택해서는 안 된다. 어린아이에게서도 배울 것이 있다는 것은 너무나 잘 알려져 있는 사실이다. 『화엄경』에서 선재동자가 53선지식을 찾아다니며, 법을 구하는 그러한 구도의 자세가 요망되는 것이다.

그러므로 법을 구하는 자는 언제나 자기가 가고 있는 길이 옳은지 그른지를 점검받기 위해서도 법을 자주 들어야 한다. 이것이 곧 문법(聞法)이며, 이러한 과정을 통해 완전한 깨달음의 길로 나아가게 되는 것이다.

사리(舍利)의 공덕

사리란 무엇인가?

불교에서 말하는 사리(舍利)에 대해서는 불교를 믿지 않는 사람들은 대부분 크게 의혹을 갖고 믿으려 하지 않는다. 그리고 불자일지라도 사리에 대하여 잘못 이해하고 있는 사람이 많이 있다.

사리란 범어로 사리라(sarira)라고 하는데, 음역으로는 실리라(實利羅) · 설리라(設利羅)라 하고, 의역으로는 골신(骨身) · 영골(靈骨) · 유신(遺身) 또는 견고자(堅固子) · 사리자(舍利子)라고 한다.

사리가 어디서 만들어지는가에 대해서는 여러 가지 설이 있다. 이를테면 털에서 만들어진다는 설, 살에서 만들어진다는 설, 뼈에서 만들어진다는 설 등이다. 또한 사리의 형태와 색채도 각기 다르다. 예를 들면 타원형 · 큰 것 · 작은 것 · 둥근 것 · 모난 것 등이 있고, 색채도 녹색 · 홍색 · 백색 · 흑색 · 잡색 · 투명한 것 등 여러 가지 종류가 있다.

중국 현장(玄奘) 법사의 정골(頂骨)은 광택이 있고 색깔이 있으며, 육조 혜능(六祖慧能) 대사는 입적한 후 전신이 부서지지 않았으며, 구마라집(鳩摩羅什) 삼장의 혀는 불 속에서도 타지 않았다고 한다. 이러한 것은 모두 사리의 일종이다. 따라서 넓은 의미에서 본다면 쇄골(碎骨)은 생신사리(生身舍利)인 것이다.

이 사리의 특징은 불 속에 넣어도 타지 않으며, 견고하여 부서지지도 않는다. 또한 사리를 친견하는 사람과 그 때에 따라 사리의 수량이 늘기도 하고 줄기도 하는 등 신묘하다. 밀폐된 용기 속에서 사리가 증가하는데 과연 어디에서 오며, 또 없어지는데 어디로 가는지 도무지 알 수가 없다.

전신사리와 쇄신사리

사리는 크게 전신사리(全身舍利)와 쇄신사리(碎身舍利) 두 가지 종류로 나눈다. 전신사리 중에서 다시 법신(法身) 사리와 색신(色身) 사리로 분류한다. 첫째의 법신 사리는 여래의 법신을 가리키는 것으로서 이것은 시간과 공간을 초월하여 상주하며, 구경에도 무너지지 않으므로 견고자(堅固子)라고 한다.

둘째의 색신 사리는 형태가 색신으로 계(戒)·정(定)·혜(慧) 삼학(三學)을 닦아 도행(道行)을 이룬 것을 말한다. 이것은 형태가 있는 색신이지만 금강불괴(金剛不壞)의 고체로 변한 것이다. 이 사리는 부처님뿐만 아니라 부처님의 제자들에게서도 볼 수 있다.

예를 들면 부처님의 직제자였던 가섭 존자는 금강불괴의

육신(肉身) 사리로 입정에 들어가 영취산 중으로 몸을 숨겨 버렸는데, 미륵불이 하생(下生)할 때 몸을 나타내어 법을 설하여 많은 대중에게 큰 이익을 줄 것이라고 말했다고 한다.

또한 중국 구화산(九華山)의 지장보살과 당나라 때의 육조 혜능 대사, 명(明)나라의 감산대사 등은 모두 육신사리로 남아 있어 사람들의 예배 공경을 받고 있다.

육조와 감산 두 대사의 육신은 현재 중국 광동소관(廣東韶關)의 남화사(南華寺) 내에 보존되어 있으며, 태국에 중국 출신의 스님 한 분이 입적한 지 40여 년이 지났는데도 육신이 무너지지 않고 있어 태국 승왕(僧王)이 호박선사(琥珀禪師)라 시호(諡號)하였다. 이 스님의 얼굴 색은 생전의 그대로이며, 죽은 후 두발이 길게 자랐다고 한다.

한편 쇄신사리에는 여러 가지 종류가 있는데, 적색육사리(赤色肉舍利), 백색골사리(白色骨舍利), 흑색발사리(黑色髮舍利) 또는 황색, 자색 등 오색찬란한 것이 동일하지 않다.

그 까닭은 사리를 보는 자의 과거 선근 공덕과 지극한 정성에 따라 다른 색으로 보인다고 한다. 사리가 백색으로 보이면 상근기이고, 흑색으로 보이면 하근기라고 한다. 근대 중화민국의 법학자인 화결 선생이 지성으로 불법을 믿고 아육왕사(阿育王寺)의 사리를 친견했는데, 처음 볼 때는 흑색이었다. 그래서 스스로 업이 무거움을 알고 1주일간 밤낮으로 지성 예배한 후 다시 사리를 친견하니 백색이었다고 한다.

사리는 복전(福田)

『금광명경(金光明經)』의 「불사리품(佛舍利品)」에 이르길, "사리는 계·정·혜를 닦아 얻은 바이며, 얻기가 심히 어려운 최상의 복전이다."라고 했다. 『반야경(般若經)』에서는 "불신(佛身)과 사리는 모두 깊고 깊은 반야바라밀다의 공덕을 닦은 바이다. 그러므로 일체 세간의 하늘과 사람이 함께 공양 공경하며, 존중하고 찬탄한다."라고 했다. 이와 같이 사리를 부처님과 같이 공양하고 공경하면 가지가지 복덕의 과보를 받는다.

또 사리는 주지삼보(住持三寶)의 하나이다. 부처님 재세시에는 석가모니불이 곧 불보요, 부처님께서 설하신 진리가 법보요, 부처님의 가르침을 따르는 출가 비구가 승보였다. 그런데 불멸 후에는 불상과 사리가 주지불보요, 경율론 삼장(三藏)이 주지법보요, 삭발 염의 출가 비구가 주지승보였다. 이러한 삼보가 세상에 있었으므로 지금까지 불법이 없어지지 않고 전해졌다. 그래서 이것을 주지삼보라고 한다. 사리는 주지삼보이므로 우리들이 지극한 정성으로 공양하면 복을 얻음이 한량없다.

사리는 불교의 상징물

불가에서 전하는 말에 의하면, 무릇 출가자가 몸을 닦고 성품을 기르면, 계·정·혜의 경지에 도달하는데, 이 때 사리가 결성된다고 한다. 또 수행 기간의 장단에 따라 전신이 사리일 경우도 있으며, 쇄신, 투명, 불투명, 백색, 홍색, 황색, 녹색,

흑색 등 형태와 색채가 동일하지 않으며, 겨자씨만한 크기, 황두(黃豆), 새의 알과 같이 큰 것도 있다. 다만 불교에서는 이것을 불신(佛身)의 상징이라고 말하고 있다.

또한 사리에 대해서는 동서를 막론하고 지금까지 신화적 비밀로 내려오고 있다. 그래서 근래에는 의학과 과학적인 측면에서 활발하게 연구하고 있는데, 의학에서는 사리를 사람이 살아 있을 때 인체 내에서 생성된 인체 결석(人體結石) 혹은 담결석(膽結石)이라고 한다. 하지만 이것은 전혀 믿을 만한 것이 못 된다.

왜냐하면 담결석은 인체 내의 병으로 인하여 생긴 혼합석(混合石)이기 때문에 그 속에는 단백질, 세균, 기생충, 구리, 철 등으로 이루어져 있다. 따라서 사리와는 근본적으로 다르다. 그리고 담결석은 많은 사람에게서도 나오지만 사리는 수행하지 않은 범부(凡夫)에게는 나오지 않는다. 비록 수행한다 할지라도 외도(外道: 불교가 아닌 다른 종교)의 수행자가 죽은 후 화장하더라도 사리가 나오지 않으며, 불제자일지라도 수행을 게을리 한 자가 죽으면 사리가 없다.

그러므로 사리는 담결석이 아니라 수행의 결과로 나타난 징표인 것이다. 따라서 사리는 불교의 상징물로서 과학이나 의학적으로는 해석하지 못 한다.

또한 사리는 지덕(至德)·지선(至善)·지정정(至定靜)·지신성(至神聖)에 의한 심물합일체(心物合一體) 혹은 지혜(智慧)·공덕(功德)·신력(神力)의 표징이라고 한다. 다만 사리는 불교도가 삼학(三學), 즉 계(戒)·정(定)·혜(慧)를 수행한 결과로 얻어지는 것임에는 틀림없다.

올바른 사리신앙

이상에서 살펴본 바와 같이 사리는 불교의 상징물로서 그 가치를 논할 수 없는 무가보(無價寶)의 보물이며, 불교도의 신성한 예경의 대상이다. 흔히 현대 과학으로도 해명할 수 없는 불가사의 중의 하나가 불교의 사리라고 한다. 또한 사리는 불교 신앙의 결정체인 연고로 불교인이라면 누구나 경건한 마음으로 예배하는 소중한 성보물(聖寶物)이다.

그런데 이토록 존엄한 사리가 근래에 이르러 호기심을 자극하기 위한 수단으로 이용되고 있는 감이 없지 않다. 잘못하면 지극히 중요한 사리가 구경꾼을 모으기 위한 천한 상품으로 전락될 것만 같아 심히 염려스럽다.

몇 해 전에는 종단적 차원에서 전국을 순회하며 '진신사리 친견법회' 라 하여 대대적인 행사를 벌이기까지 하였다. 지금도 전국의 많은 사찰에서는 일년 내내 사리친견법회를 실시하고 있다. 신문에도 진신사리 봉안 및 친견법회를 알리는 보도와 광고가 끊이지 않고 있다.

초기 교단의 무불상(無佛像) 시대에는 불적지(佛跡地)와 사리가 그 신앙의 대상이었다. 그 후 사리신앙이 탑파(塔婆, stūpa) 신앙을 거쳐 오늘날과 같은 불상 신앙으로 변했다. 탑의 생명은 그 탑 속에 사리가 봉안되어 있을 때, 이름 그대로

'사리탑'인 것이다. 탑의 핵심은 바로 사리다. 따라서 사리는 탑 속에 봉안되어 신앙의 대상으로 남아 있을 때 비로소 가치가 있는 것이다.

그런데 사리가 있어야 할 곳에 있지 않고 밖으로 나와 유리관 속에 넣어져 호기심 많은 사람들의 눈요기 감으로 이용되고 있으니, 이것이 문제인 것이다. 터놓고 말하면 색신 사리는 부처님과 제자들의 영골(靈骨)인 셈이다. '진신사리 친견법회'라는 것도 따지고 보면 못난 자식이 돌아가신 부모의 무덤을 파헤쳐 그 부모의 유신(遺身)을 꺼내 들고 다니며 자랑하는 꼴이다. 다시 말하면 부모의 뼈다귀를 보여주며 구걸하는 막다른 장사인 셈이다.

사리를 미끼로 호객하고 있는 사람들은 한결같이 자기가 갖고 있는 사리가 부처님의 진신사리라고 한다. 전국의 수많은 사찰에서 앞을 다투어 사리친견 법회를 봉행하였으니, 그들의 말이 사실이라면 우리 나라에 있는 부처님 진신사리만도 한 트럭 분은 될 것이다.

그리고 외국에만 나갔다 오면 어느 나라 어느 대승정으로부터 부처님 진신사리를 기증 받아 왔다고 야단들이다. 불멸후 사리 때문에 전쟁이 일어난 것만 보아도 얻기 힘든 귀중한 성물(聖物)인데, 불교국가에서 그렇게 쉽게 부처님의 진신사리를 내줄 리가 있겠는가.

그렇다고 해서 사리친견의 공덕을 완전히 무시하는 것은 아니다. 사리 친견자로 하여금 신심을 불어 일으킨다는 긍정적인 면이 없는 것도 아니다. 예로부터 사리는 신심 있는 불자들의 예경과 공양의 대상이었으며, 신앙의 귀의처인 동시에 중생의 복전이었다.

하지만 색신 사리(色身舍利)도 언젠가는 없어질 유위(有爲)의 복전이다. 그러나 부처님께서 말씀하신 진리, 즉 법신 사리(法身舍利)는 시간과 공간을 초월하여 상주하며, 궁극에도 무너지지 않는다. 따라서 형상으로 남아 있는 사리를 쫓아다닐 것이 아니라, 우리들의 마음속에 본래부터 갖고 있는 영구불멸의 오색찬란한 사리를 찾아야 할 것이다.

가사(袈裟)의 공덕

가사의 의미

가사는 출가 수행자가 입는 옷을 말한다. 다시 말해서 가사는 출가 수행자임을 식별하는 표시다. 대승불교권인 중국·한국·일본에서는 스님들이 장삼 위에 별도로 가사를 착용한다. 하지만 남방불교에서는 출가 수행자가 입는 옷자체를 가사라고 한다.

가사라는 말은 범어 까싸야(kaṣāya)의 음역이다. 이 말은 원래 수렴제(收斂劑)라는 뜻을 갖고 있다. 수렴제는 피부나 점막 표면에 작용하여 국소의 충혈이나 분비를 제거하고 조직을 건조 긴축시키는 약제다. 이러한 말이 어떻게 승려들의 옷을 일컫는 말이 되었는지에 대해서는 잘 알지 못한다. 다만 이 단어가 탐심·진심·치심을 치료하는 약제로 비유되기 때문에 붙여진 이름이 아닐까 추측할 뿐이다.

가사는 세 가지 종류의 옷으로 구분된다. 이것을 삼의(三衣)라고 하는데, 팔리어 띠니 찌와라니(tīṇi cīvarāṇi)의 번역어다. 즉 안타회(安陀會, antarvāsa), 울다라승(鬱多羅僧, uttarāsaṅgha), 승가리(僧伽梨, saṅghāti)가 그것이다. 그런데 이 삼의는 세 벌의 옷이 아니라 세 가지 종류로 이루어진 한 벌의 옷이다.

남방불교의 황색 가사인 안타회는 아래에 걸치는 치마다. 우리의 바지에 해당되는 속옷이다. 울다라승과 승가리는 몸 전체를 감싸는 네모난 천이다. 다만 그 크기가 약간 다르다. 울다라승은 작업할 때나 사찰 내에서 생활할 때 입기 때문에 약간 작다. 승가리는 외출이나 설법 등의 중요한 행사 때 입는다.

그러나 비구니는 삼의 외에 두 가지가 더 필요하기 때문에 오의(五衣)가 된다. 그러므로 우리 나라에서 구분하는 가사의 종류와는 그 개념이 전혀 다르다. 그리고 우리 나라에서는 가사의 조수를 중요시 하지만 남방불교에서는 조수의 구분을 그렇게 중요하게 생각하지 않는다.

가사의 이명(異名)

가사는 여러 가지 다른 이름으로 불린다. 많이 불리는 이름으로는 복전의(福田衣)·공덕의(功德衣)·무구의(無垢衣)·인욕의(忍辱衣) 등이 있다. 복전의와 공덕의는 재가자가 복을 지을 수 있는 대상인 출가자가 입는 옷이기 때문에 붙여진 이름이다. 출가자는 번뇌의 티끌을 끊어 버렸기 때문에 무구의라고 부르며, 가사를 걸친 비구는 어떠한 경우에도 참고 견뎌야 하기 때문에 인욕의라는 이름이 붙여졌다.

이 외에도 이진복(離塵服)·소유의(消瘦衣)·연화복(蓮華服)·

간색의(間色衣)·항사의(降邪衣)·해탈복(解脫服)·무상의(無上衣)·출세복(出世服)·자비복(慈悲服)·인개의(忍鎧衣) 등으로 불린다. 이러한 가사의 다른 이름으로 미루어 출가 수행자의 복장이 갖는 의미와 그 역할을 충분히 짐작할 수 있을 것이다.

가사의 공덕

원래 가사는 재가자가 출가자에게 보시하는 네 가지 물건, 즉 음식·의복·와구·탕약 가운데 하나다. 이러한 수행자의 필수품을 베푸는 공덕은 보시와 공양의 공덕에서도 이미 언급한 바 있다.

그런데 가사의 공덕에는 크게 두 가지로 구분할 수 있다. 하나는 가사를 착용하는 자가 받는 공덕이고, 다른 하나는 가사를 조성하거나 보시한 사람이 받는 공덕이다. 여기서는 두 가지를 특별히 구분하지 않고 설명할 것이다.

가사의 공덕에 대해 별도로 강조한 문헌은 『불설가사공덕경(佛說袈裟功德經)』이다. 이 경전의 내용을 요약 정리한 것이 「가사점안문(袈裟點眼文)」의 유치(由致)에 나오는 다음의 글이다.

"가사는 여래의 웃옷이며, 보살의 큰 옷이다. 이 가사를 수하는 자는 큰 복전이 되며, 가사를 조성하는 데 동참한 사람은 수승한 과보를 쉽게 얻는다. 또한 대범천왕과 제석천왕은 항상 남쪽과 북쪽에 앉아 가사를 수한 스님들을 옹호하고, 사방천왕은 동서남북 사방에 서서 언제나 가사를 수한 스님들을 호위해 준다. 뿐만 아니라 용왕이 가사를 걸치면 짐승들의 독한 마음이 없어지고, 사냥꾼이 가사를 몸에 걸치면 짐승들이 오히려 공경심을 일으키게 된다. 그러므로 가사불사를 발원하는 사람은 천 가지 재앙이 눈 녹듯 소멸되고, 조성하는 데 동참한 사람은 백 가지 복이 구름일 듯 일어나게 된다."[49)

가사의 의미와 그 공덕에 대해서 잘 설명한 매우 훌륭한 문장이다. 그래서 가사불사의 권선문에 자주 인용되기도 한다.

또한 『대승본생심지관경(大乘本生心地觀經)』 제5권에 의하면, 출가한 보살이 그 얻은 바 좋고 궂음을 혐의치 않고 다만 부끄러움을 품어 법의(法衣)를 충당하므로 열 가지 수승한 이익을 얻는다고 한다.

"첫째, 능히 그 몸을 덮어 수치를 멀리 여의고 부끄러움을 구족하여 선한 법을 수행함이다. 둘째, 춥고 더움과 모기와 악한 짐승과 독한 벌레를 멀리 여의어 안온하게 도를 닦음이다. 셋째, 또한 사문의 출가한 모양을 나타내어 보는 이가 기뻐하며 삿된 마음을 멀리 여읨이다. 넷째, 가사는 곧 사람과 하늘의 보배 깃발[寶幢] 모양이어서 존중하고 공경하여 예배하면 범천에 태어남을 얻는다. 다섯째, 가사를 입을 때 보탑(寶塔)이라는 생각을 내면 능히 모든 죄를 멸하고 모든 복덕이 생긴다.

여섯째, 가사를 만들 때에 물들임으로써 색깔을 없애 오욕

49) "袈裟者, 如來上服 · 菩薩大衣, 被之者, 能作福田; 成之者, 易爲勝果. 大梵帝釋 坐南北而擁護. 四方天王 立四維而侍衛, 龍王掛體, 禽無毒害之心. 獵士被身, 獸有恭敬之念. 發願者, 千災雪消. 造成者, 百福雲興." 安震湖 編, 『釋門儀範』 下卷(서울: 法輪社, 1931), p.112.

의 생각을 여의어 탐하고 사랑함이 생기지 않게 한다. 일곱째, 가사는 부처님의 청정한 옷이어서 영원히 번뇌를 끊고 좋은 복전(福田)을 짓는다. 여덟째, 몸에 가사를 입으면 죄업이 깨끗이 없어지고 열 가지 선한 법의 도가 생각마다 증장(增長)한다. 아홉째, 가사는 좋은 밭과 같아서 능히 보살의 도를 증장한다. 열째, 가사는 갑옷과 같아서 번뇌의 독한 화살이 능히 해치지 못한다.

이런 인연으로 삼세의 모든 부처님과 성문과 연각이 청정하게 출가하여 몸에 가사를 입고 삼성(三聖)이 한 가지로 해탈의 보상(寶床)에 앉아 지혜의 칼을 잡고 번뇌의 마군을 파하여 함께 한 가지로 열반계에 들어섰다."50)고 했다.

한편 『십주비바사론(十住毘婆沙論)』제16권에서도 가사를 착용하면 열 가지 이익을 얻는다고 기록되어 있다. 『해용왕경(海龍王經)』제4권에서는 "만약 용(龍)이 부처님의 가사를 보호하고 지키면 금시조(金翅鳥)의 피해를 면하게 된다."고 했다.

또한 『현우경(賢愚經)』제13권에 "염의(染衣)를 착용하는 사람은 일체의 괴로움에서 해탈하며, 불도(佛道)를 성취하게 된다."라고 했다. 이 외에도 『비화경(悲華經)』과 『대승비분타리경(大乘悲分陀利經)』등에 가사가 지닌 위덕과 공덕에 대하여 설명하고 있다.

이처럼 가사에는 여러 가지 공덕이 있다. 그래서 남방불교

---

50) 大正藏 3권, pp.313下~314中.

국가에서는 물론 한국의 불자들도 가사불사가 있으면 동참하여 큰 복을 짓고자 한다.

사실 재가자가 출가자에게 필요한 의복을 제공해 주지 않는다면 출가자는 생존할 수 없다. 그러므로 출가자는 재가자가 베풀어 준 최소한의 옷으로 만족하고 오직 수행에만 전념해야 한다.

『화엄경(華嚴經)』「정행품(淨行品)」에서는 "가사를 입을 때에는 이와 같이 원하라. 중생들이 마음에 물듦이 없어 큰 성인의 도를 갖추어지이다."라고 했다. 이것은 출가자가 어떤 마음가짐으로 가사를 입어야 하는가를 지적한 것이다.

채식(茶食)의 공덕

음식물은 인간의 신체와 정신에 직·간접적으로 영향을 미친다. 인간뿐만 아니라 동물도 음식물을 통해 필요한 에너지(energy)와 영양분을 섭취한다. 인간이 생존하기 위해서는 단 하루도 먹지 않을 수 없다.

이와 같이 인간이 매일 섭취하는 음식물 중에는 크게 육식(肉食)과 채식(茶食) 두 가지가 있다. 채식을 다른 말로 소식(素食)이라고 부르기도 한다. 흔히 인간이 배고픔과 신체의 건강을 유지하기 위해 먹는 육식이 오히려 인간의 건강을 해치고 정신활동에 장애가 되기도 한다.

그래서 일찍이 수행자나 요기(Yoga 수행자)들은 식사에 특히 유의했으며, 채식주의를 고수했다. 그러면 왜 금욕생활을 하는 수행자나 요기들이 채식을 주로 하였는가. 이에 대해서는 육식자(肉食者)와 소식자(素食者)를 비교해 보면 자연적으로 밝혀질 것이다.

첫째, 육식을 주로 하는 사람은 대개 자비심이 없고 몹시 거칠고 사납다. 하지만 푸성귀만 먹는 채식가는 자비스럽고 길상하여 즐거울 때는 즐거워하고 슬플 때는 슬퍼할 줄 안다.

둘째, 육식하는 사람의 행동이나 태도는 성품이 들떠있기 때문에 천박해 보인다. 하지만 채식가의 모든 행동은 차분히 가라앉아 시끄럽거나 요란스럽지 않다.

셋째, 육식자는 신경이 무디고 둔하지만, 소식자는 뇌력(腦力: 정신을 써서 생각하는 힘)이 예민하다.

넷째, 육식자는 정력이 박약하지만, 소식자는 정력이 강대하다.

다섯째, 육식자는 즐기려는 욕심, 즉 음욕심이 강하지만, 소식자는 즐기려는 욕심이 약하다.

여섯째, 육식자는 질병에 걸리기 쉽지만, 소식자는 질병에 잘 거리지 않는다.

일곱째, 육식자는 병에 대한 저항력이 약하지만, 소식자는 저항력이 강하다.

여덟째, 육식자는 혈액이 탁하지만, 소식자는 혈액이 맑다.

이상에서 살펴본 바와 같이 음식물이 수행에 얼마나 큰 영향을 미치는가를 알 수 있다. 육식과 채식 모두 에너지를 공급하는 영양소이지만 인간에게 미치는 영향은 서로 다름을 알 수 있다. 그러면 왜 이러한 현상이 나타나는 것일까?

첫째, 육식, 즉 동물의 살을 먹는 것은 동물들이 죽을 때 피 속에 남긴 노여움과 공포의 화학물질을 흡수하기 때문이다. 육식자의 피 속에는 노여움과 공포의 화학물질이 순환하고 있기 때문에 이것을 외부로 표출하려는 충동이 자연적으로 일어나기 마련이다.

그래서 육식을 즐기는 동물이나 사람은 포악스럽고 투쟁적일 수밖에 없다. 반면 초식동물이나 소식자는 온순하고 비폭력적이다. 육식국가에서 살인 사건이 많이 일어나는 것도 이 때문이다.

둘째, 육식자의 거동은 거칠고, 채식가의 행동은 안정되어 있다. 이것도 육식으로 인해 자신도 모르는 사이에 그렇게 변한 것이다. 어머니의 자궁에서 갓 나온 어린 아기는 전생과의 연결이 아주 가깝다. 그리고 어린 아기의 의식 또한 너무나도 명료하다. 그러나 어머니의 자궁에서 나온 어린 아이가 열을 가한 화식(火食)을 먹으면서부터 자기 자신의 전생에 대한 기억이 점점 멀어져 간다. 그리하여 12살이 지나면 전생과 연결되어 있는 기억에서 까마득히 멀어져 간다고 한다.

또한 햄버거와 치킨과 같은 육식을 즐긴 어린이와 푸성귀로만 먹고 자란 어린이의 행동과 성격이 서로 다름을 볼 수 있다. 그러므로 자신의 자녀를 성격이 온순한 사람으로 키우고자 한다면 당장 식탁을 채식으로 바꿀 일이다.

셋째, 육식을 즐겨 먹으면 유체(幽體) 감각이 둔화된다. 유체 감각의 둔화란 인간에게 있어서는 TV로 비유하면 칼라와 스테레오로 보고 들을 수 있는 것을 흑백과 모노로 보고 듣는 것과 마찬가지 현상이다.

우리의 육체를 이루고 있는 수많은 세포들은 그 하나 하나가 라디오의 진공관과 같은 역할을 한다.

그리고 우리의 세포라는 진공관은 거의 불이 들어오지 않은 채 잠들어 있다. 이 세포라는 진공관에 불이 많이 켜져 있는 사람일수록 그 사람은 자기 자신의 유체를 민감하게 느낀다. 사실 깨달음(enlightenment)이라는 것은 우리 육체를 이루고 있는 모든 세포에 환히 불이 켜진 상태를 뜻한다고 한다.

육식은 우리의 몸을 이루고 있는 세포에 생체 전기(bio-energy)가 자유롭게 흐를 수 없도록 노폐물을 축적시킨다고 한다. 그리하여 육식을 즐기는 사람일수록 그 노폐물이 하나의 전기 절연체와 같은 역할을 하여 세포라는 진공관에 불이 켜질 수가 없다.

반면 채식은 우리 몸의 세포로 하여금 휘황찬란한 산데리아와 같이 빛을 내뿜으며 깨어나도록 돕는다. 그리고 채식 중에서도 생식은 잠든 세포들을 더욱 빨리 깨어나게 할 수 있는 것으로 알려져 있다.

그리고 금욕생활을 하는 수행자나 요기들은 같은 채식이라 하여도 버섯과 같이 음지(陰地)에서 자란 식물들은 먹지 않는다. 왜냐하면 음지 식물은 유체 안에 축기(蓄氣)되어 있는 에너지를 외부의 음적(陰的)인 자극에 쉽게 감응할 수 있도록 돕기 때문이다.

또한 고추나 마늘, 후추와 같은 음식들을 피하고 있다. 왜냐하면 강한 자극성을 가지고 있는 음식물 또한 외부로부터 오는 자극에 무의식적으로 오감(五感)의 문을 열 수 없기 때문이다. 51)

채식이 육식보다 좋다는 것은 이미 널리 알려진 사실이다. 그리고 채식주의자가 육식주의자보다 장수(長壽)한다는 사실도 과학적으로 증명되었다.

신문 기사 내용에 따르면, "야채와 과일을 선호하는 채식주의자들이 일반인보다 훨씬 장수한다는 사실이 최근 영국 연구진에 의해 정식으로 검증됐다. 영국 의학전문지 「브리티시 메디컬 저널」에 따르면 옥스퍼드대(大) 연구진이 지난 17년간 1만 1천명을 대상으로 조사한 결과 채식주의자들이 같은 나이의 일반인보다 20% 이상 낮은 사망률을 보였다는 것이다. 이것은 20여 년 전부터 제기돼온 채식주의자의 장수설이 입증된 것이라고 저널지는 보도했다. 연구결과 채식주의자들은 심근경색증의 발병률이 일반인에 비해 25%, 뇌출혈은 32%나 낮은 것으로 나타났다. 또 위나 장, 기관지 등에 발생하는 모든 종류의 암에 대해서도 일반인보다 발병률과 사망률이 낮았으며 당뇨나 순환기 질환에서도 사망률이 낮은 것으로 조사됐다."고 한다.

우리가 깊은 산 속에서 자란 고산식물이나 나무의 열매를 먹었을 때 자기도 모르게 기쁨이 샘솟는 것은 자연의 조화 속에서 행복을 만끽하고 자란 식물들을 먹었기 때문이다.

이상에서 살펴본 '채식의 공덕'은 주로 대승불교적 시각에서 서술된 것이다. 특히 이 글에서는 육식자와 채식자를

---

51) 길연, "채식과 수행", 『佛日會報』 제88호, 제89호, 1988.4.1~5.1.참조

비교하여 채식의 우수성을 강조했다. 그러므로 불교도들은 가능한 한 채식으로 식단을 바꾸는 것이 좋을 것이다. 왜냐하면 이미 과학적으로 채식이 육식보다 인간의 육체적·정신적 건강에 더욱 좋다는 것이 밝혀졌기 때문이다.

그렇다고 해서 극도의 채식주의자가 되라고 권하는 것은 아니다. 불교에서는 육식을 완전히 금지하고 있는 것은 아니다. 그리고 부처님은 극도의 채식주의자가 아니었다. 부처님은 당시 일반인들이 베풀어주는 음식물은 그것이 육식이든 채식이든 가리지 않고 드셨다.

이러한 초기불교의 전통을 계승한 현재의 동남아시아 상좌부 불교국가에서는 스님들이 주로 탁발(걸식)에 의존하기 때문에 육식이든 채식이든 주는 대로 먹는다. 『율장(律藏)』에 의하면 부처님은 출가 수행자들에게 세 가지 종류의 깨끗한 고기, 즉 삼정육(三淨肉)은 먹어도 좋다고 허락하셨기 때문이다. 삼정육(三淨肉)이란 자신을 위해 죽이는 것을 보지 않았고, 듣지 않았으며, 그러한 의심이 없는 생선이나 고기를 말한다.

그러나 부처님께서는 수행자가 열 가지 고기는 먹어서는 안된다고 말씀하셨다. 열 가지 고기는 사람 고기[人肉]·코끼리·말·개·뱀·사자·호랑이·표범·곰·하이에나 등이다. 먼저 인간의 고기를 먹도록 허용할 경우 돌이킬 수 없는 타락을 불러일으킬 것이다. 그리고 코끼리와 말은 왕의 상징이기 때문에 쓰지 못한다고 했다. 개고기는 사람들이 매스껍게 여기는 까닭에 금지되어 왔다. 뱀·사자·호랑이·표범·곰·하이에나와 같은 동물들은 자신들의 고기 냄새를 맡기 때문에 그러한 고기를 먹은 수행자들을 자주 공격했다고 한다. 결국 이러한 고기들은 나쁜 행위를 유발하는 것이기 때문에 금지되었다.[52]

많은 사람들은 불교에서는 육식이 금지되어 있는 것으로 잘못 알고 있다. 현재 한국의 사찰에서는 관습적으로 육식을 금하고 있기 때문이다. 이러한 전통 때문에 한국 사찰에서는 김치를 담글 때에도 젓갈류를 사용하지 않는다. 그래서 스님들이 생선이나 고기를 먹으면 크게 잘못된 것으로 오해하는 경우가 허다하다. 특히 신심 돈독한 불자들은 채식을 실천해야만 훌륭한 불자가 되는 것으로 알고 있다.

그러나 지나치게 엄격한 채식주의를 고집하는 것은 부처님의 본뜻이 아니다. 사실 불교에는 출가·재가를 막론하고 절대 고기를 먹어서는 안된다고 지적해 놓은 엄격한 계율은 없다. 다만 부처님은 제자들에게 "산 것을 몸소 죽여서는 안 된다. 또 남을 시켜 죽여서도 안 된다. 그리고 죽이는 것을 보고 묵인해도 안 된다. 난폭한 것을 두려워하는 모든 생물에 대해서 폭력을 거두어야 한다."[53]라고 가르쳤다.

엄격히 말해서 음식물의 선택은 그 사람의 체질과 건강 상

---

52) *Vinaya Piṭaka*(PTS) Vol.1, pp.216~220

53) *Suttanipāta*, ed. D. Andersen and H. Smith (London : PTS,1913), p.69.

태에 따라 달라진다. 똑같은 음식을 먹었다 할지라도 인체 내에서 받아들이는 기능이 서로 다르기 때문이다. 이를테면 "같은 물이라도 소가 마시면 우유를 만들어 내고, 뱀이 마시면 독을 만들어 낸다"는 말이 이에 해당될 것이다. 이처럼 자신의 신체적 상황에 따라 필요한 영양소를 보충해 주는 것이 건강에 도움이 될 것이다.

지나치게 채식주의를 고집하는 것은 먹을 것이 없어 아사(餓死) 직전에 있는 사람들이나 육식을 주로 하는 국가의 사람들에게는 전혀 현실을 무시한 배부른 사람들의 헛소리로 들릴지 모른다. 이런 사람들에게 육식이 좋다거나 채식이 좋다는 논쟁은 전혀 의미가 없는 것이다.

불교에서는 무엇을 먹느냐 하는 것은 중요하지 않다. 음식은 오직 이 신체를 유지하기 위한 수단에 불과하기 때문이다. 채식만을 고집하는 것은 또 하나의 집착에 불과하다. 부처님은 중도(中道)에 의해 세 가지 종류의 육식을 허용하셨다. 그 주어진 음식을 어떻게 먹고 소화할 것인가. 그 음식을 통해 얻어진 에너지를 어떻게 활용할 것인가. 그 음식을 먹고 어떻게 수행할 것인가를 고민하고 문제 삼아야 할 것이다.

출가(出家)의 공덕

출가의 의미와 제도

출가(出家)란 국어사전에서는 '가정과의 관계를 끊고 집을 떠나 감(leaving home)' [54]이라고 풀이하고 있다. 출가의 팔리어 원어는 빱밧자(pabbajjā)이고, 불교혼성범어로는 쁘라브라쟈(pravrajyā)이다. 팔리어 빱밧자는 '세상을 떠남(leaving the world)' 혹은 '고행의 삶을 받아들임(adopting the ascetic life)' 이라는 뜻이다. 이른바 '수계(受戒) 절차를 거치고 황색 가사를 입고 걸식의 상태에 있음'을 말하는 것이다. 이 팔리어 빱밧자는 '특히 불교의 승단에 들어가는 수계 혹은 입단 허가' 라는 의미와 '일반적으로 집 없는 삶 혹은 고행의 생활' 이라는 두 가지 의미로 쓰인다.[55]

최근 우리 나라에서 발행된 불교사전에서는 출가를 "세속의 집을 떠나 절에서 머리를 깎고 계(戒)를 받은 후 불도(佛道)

---

54) 『국어대사전』(서울: 민중서관, 2001), p.2478.
55) *Pali-English Dictionary*. ed. T. W. Rhys Davids and William Stede, (London : Pali Text Society, 1921~1925), p.414.

를 닦음, 또는 그렇게 하는 수행자. 절에 가서 머리를 깎고 승려가 됨."[56]이라고 정의하고 있다. 그러나 한국에서는 이러한 사전적 의미보다 오히려 출가라고 하면 '머리를 깎고 먹물 옷을 입는 것' 즉 삭발염의(削髮染衣)한 모습을 떠올린다. 이것이 바로 출가 사문의 상징이기 때문이다.

부처님의 가르침에 의하면, 재가(在家)로 있으면서도 부처님을 믿고 그 교법(敎法)에 따라 바르게 수행하면 마침내 해탈의 큰 목적을 달성할 수가 있다고 한다. 그러나 세간은 욕심을 기본으로 성립되어 있기 때문에, 이 세간에 있으면서 진실로 무욕(無欲)·무아(無我)의 수행을 하는 것은 여간 어려운 일이 아니다. 그러므로 이 이상을 현실에서 실현할 수 있는 방법으로서 장려되었던 것이 곧 출가이다. 출가란 걸식(乞食)에 의한 무욕(無欲)·무아(無我)의 생활을 말한다. 이것은 집을 버리고 재물을 버리고, 은애(恩愛)를 버리고, 오로지 아집(我執)·아욕(我欲)을 떠나는 수행자의 길이다.[57]

"무릇 집에 머무르는 생활에는 장애가 있고 진애(塵埃)가 있다. 출가의 생활은 활달 자유롭다. 이 집에 머물면서 목숨이 다할 때까지 한결같이 전심하여 범행(梵行)을 지니기는 어렵다. 그러므로 나는 이제 머리칼을 자르고, 가사(袈裟, 壞色衣)를 입고 거가(居家)에서 무가(無家)로 나아가는 것이 더 좋다. 이

---

56) 곽철환 편저, 『시공 불교사전』(서울: 시공사, 2003), p.689.
57) 木村泰賢 著·朴京俊 譯, 『原始佛敎 思想論』(서울: 경서원, 1992), p.293.

렇게 하여 그는 마침내 많고 적은 재산을 버리고, 다소의 친속을 버리고 삭발을 하고 가사를 입고 거가(居家)에서 무가(無家)에로 벗어난다.[58]

위 경전의 말씀에 따르면, 재가의 생활은 장애가 많기 때문에 수행하기 어렵다는 것이다. 부처님은 『담미까-숫따(Dhammika-sutta)』에서 재가자는 소유의 번거로움이 있기 때문에 출가 수행자가 지켜야 할 규정들을 지킬 수가 없다고 했다.[59]

엄격히 말해서 재가의 생활을 영위하면서 수행에 전념한다는 것은 거의 불가능하다고 할 수 있다. 그렇다고 해서 삭발을 하고, 가사를 입고, 일정한 거주처를 갖지 않는 것이 결코 출가의 모든 것은 아니다. 출가의 본질은 참으로 세간에 대한 집착의 씨앗을 버리고 영원한 해탈을 위하여 혼신의 노력을 기울이는 데 있는 것이다.

『대승본생심지관경(大乘本生心地觀經)』[60]에서는 몸의 출가와 마음의 출가 두 가지 경우를 언급하고 있다.

즉 '멀리 떠나는 행[출가]은 두 가지가 있다. 첫째는 몸이 멀리 떠난 것이요, 둘째는 마음이 멀리 떠난 것이다. 몸이 멀리

---

58) M. 38 愛盡大經 Mahātaṇhāsaṅkhya Sutta(大正藏 1, p.267; 南傳 권9, 중부 1, p.464); 또한 中 권38, 嗏帝經(大正藏 1, p.667 f); M. 99 須婆經 Subha Sutta(大正藏 2, p.196f); 中 권49, 迦絺那經(大正藏 1, p.552) 등도 참조.

59) Suttanipāta, v.393.

60) 『大乘本生心地觀經』 大唐罽賓國三藏般若譯. [大正藏 3, pp.290上～331下.]

떠났다는 것은 사람이 출가하여 몸이 공한(空閑)한 데 처하여 욕경(欲境)에 물들지 않는 것을 말하며, 출가한 이가 청정한 마음을 닦아 욕경에 물들지 않는 것을 마음이 멀리 떠났다고 하는 것이다.

몸은 비록 출가하였지만 마음은 욕경을 탐하면 이러한 사람은 멀리 떠났다고 하지 못하는 것이다. 만일 정결하게 믿는 남자나 여자가 몸은 취락(聚落)에 있어도 위없는 마음을 내어 큰 자비로 일체를 이롭게 한다면 이런 수행자는 참으로 멀리 떠났다고 하는 것이다."[61]

이 경전의 내용과 같이 비록 외형적으로는 출가자의 형상을 갖추었다고 할지라도 세속에 대한 애착이 남아 있다면 진정한 의미의 출가는 아닌 것이다. 참다운 출가란 몸과 마음 모두 세간에 대한 집착에서 벗어나야만 한다.

출가의 제도는 역사적으로 본래 바라문의 제3기 또는 제4기의 제도에서 유래한 것이다. 바라문교에서는 이 출가를 노령기(老齡期)가 되어서야 비로소 수행할 수 있도록 규정하고 있었다. 하지만 부처님께서는 적어도 인생을 깊이 생각하는 자라면 노소(老少)에 관계없이 출가할 것을 권장하셨다. 이것이 바라문의 제도와 크게 다른 점이다. 부처님의 말씀에 따르면, 인생의 연한(年限)이 정해져 있는 것이라면 노령기가 되어서 출가한다는 것도 의미가 있겠지만, 그렇지 않는 한 노년(老

61) 大正藏 3, p.306下.

年)을 기다려 출가한다는 것은 영원한 도(道)에 대한 진지한 태도가 아니라고 하셨다. 불교 교단에 남녀노소를 막론하고 여러 부류의 출가자가 있었던 것도 바로 이러한 이치에 근거하여 부처님께서 장려하신 결과라 할 수 있다.

출가의 동기와 결심

부처님께 의지하여 출가한다는 것은 대단한 결심이 요구된다. 원칙적으로는 진실로 영원한 해탈을 동경하는 자가 아니라면, 또한 진실로 인생의 무가치를 체험한 자가 아니라면, 출가는 도저히 시도할 수 없는 것이다. 왜냐하면 신체가 젊고 혈기가 왕성한 시기에 인생을 등진다는 것은 결코 용이한 일이 아니기 때문이다. 불제자 개개인의 경우에 비추어 보더라도 대부분은 그 동기가 순수하고 구도심이 참으로 견고했다. 잠시 랏타빨라(Raṭṭhapāla)의 일례를 들어보기로 한다.

랏타빨라는 구려국(俱盧國)의 한 양가집 아들로 태어났는데 어느 날 부처님의 가르침을 접하고부터는 갑자기 인생의 문제를 통감하기 시작하여 출가하여 해탈하고 싶은 욕구를 외면하기 어려워졌다. 울며 만류하는 부모님의 애원도 듣지 않고, 급기야는 단식(斷食)까지 감행하여 부모의 허락을 받고 마침내 걸사(乞士)의 길에 투신하여 수행(修行)하였다. 그 태도와 결의야말로 억만금으로도 바꿀 수 없는 확고한 것이었다.

아무튼 불교 교단에 있어서의 참다운 이상적 출가는 실로이와 같은 동기와 결심을 전제 조건으로 하였던 것이다. 또한

부처님 자신도 순수한 동기에서 출가했던 만큼 이러한 전제 조건은 오히려 당연하였을 것으로 여겨진다.[62]

부처님의 제자에는 전문적 출가 수행자인 비구 · 비구니와 재가 제자인 우바새 · 우바이가 있다. 이들은 모두 진리를 구하기 위하여 부처님께 귀의하고 그 가르침을 믿고 실천하려는 사람들이다. 하지만 출가 비구가 되어 전문적인 수행생활로 들어가든지 재가인 채로 수행하든지 하는 것은 주위의 사정이나 그 사람의 자의에 의해 결정되었다. 일반적으로 재가에 머물면서 완전한 수행을 실천하기가 어렵기 때문에 철저하게 수행하려고 생각하는 자가 출가하였다.

초기경전 가운데에는 비구 · 비구니들이 어떻게 하여 출가하게 되었는가를 기술한 곳이 적지 않다. 베살리 근교 깔란다(Kalanda) 마을에 수딘나깔란다뿟따(Sudinnakalandaputta)라고 하는 장자(長者)의 아들이 있었다. 그는 베살리에서 우연히 부처님의 설법을 듣고 다음과 같이 생각하였다.

'세존이 설한 법을 내가 이해한 대로라면 집에 머물러 있는 자가 아주 완전하고 청정한 범행(梵行)을 실천하기란 쉽지 않다. 나는 삭발하고 가사의(袈裟衣)를 걸치고 집을 나가 출가하리라.'[63]

---

62) 中 권18, 婆鷄帝三族姓子經(大正藏 1, p.554bf); M. 68 那羅伽波寧村經 Nalakapāna Sutta(大正藏 1, p.462f: 南傳 권10, 中部 2, pp.276~277).

63) *Vinaya Pitaka* (PTS), Vol. III, p.12.

수딘나깔란다빳따는 이와 같이 생각하고 부처님께 출가를 허락해 달라고 청하였다. 부처님께서는 먼저 부모의 허락을 얻는다면 출가를 승인하겠다고 하셨다. 그러나 그의 부모는 '너는 우리가 사랑하는 하나밖에 없는 아들이다'고 하여 바로 출가를 허락하지 않았다. 그는 출가하기로 굳게 결심하였으므로 '나는 여기서 죽든지 그렇지 않으면 출가하려고 합니다'라고 말하고, 7일 동안 식사를 하지 않았다. 그러자 그의 친구의 권고도 있고 해서 양친은 마침내 출가를 인정하여 수딘나깔란다빳따는 부처님의 교단에 들어갈 수 있었다고 한다.

여기서 수딘나깔란다빳따의 말로써 설해지고 있는 '집에 머물러 있는 자가 아주 완전하고 청정한 범행(梵行)을 실천하기란 쉽지 않다'고 하는 것은 초기불교에 있어 출가에 대한 일반적인 생각이었다. 집에 있으면 인간관계나 재물에 대한 탐욕, 이해의 대립 등 많은 장애가 있기 때문에 완전히 청정한 수행을 실천하려는 자는 사정이 허락하는 한 출가하여 오로지 도를 구하는 생활로 들어가야 한다는 것이다. [64]

사실 우리들의 생명은 무궁한 지속과 발전을 희망하고 있으나 현실은 이러한 우리의 기대와는 정반대 방향으로 진행되는 경우가 많다. 깊이 생각해 보면 참으로 비통한 일이 아닐 수 없다. 더욱이 욕망의 세계에 있어서 가장 중요시되는

64) 후지타 코타츠 外 지음 · 권오민 옮김, 『초기 · 부파불교의 역사』, pp.118~119.

재력과 권력과 명예와 은애(恩愛)를 모두 성취할 수는 없고, 또 영원히 지속시킬 수도 없다. 따라서 이러한 것들을 버리고 또 다른 구제의 길을 찾지 않으면 안 되는 것이다.

그러나 실제로 불제자라고 하여 모두가 반드시 순수한 동기에서 출가한 것만은 아니다. 지금도 마찬가지다. 특히 불교 교단의 세력이 강대해짐에 따라 이 세력에 의지하려는 자가 많아지고, 그 출가에도 상당히 불순한 동기에서 출발한 자가 적지 않게 포함되어 있었다. 어떤 이는 출가하여 불제자가 되면 특정한 직업 없이도 의식(衣食)에 걱정이 없기 때문에 좋을 것이라고 생각하기도 하고,[65] 어떤 이는 왕난(王難)의 공포로부터, 적난(賊難)의 공포로부터, 냉혹한 빚쟁이의 공포로부터 도피하기 위하여, 내지는 의식(衣食)의 안전을 위해서 출가하기도 하고,[66] 심지어는 외도(外道)로서 불법(佛法)을 파괴시키기 위해서 출가한 자도 있었다.[67]

따라서 불제자라고 해서 반드시 열심히 수행하는 자만 있었던 것은 아니다. 그 중에는 몹시 좋지 않은 자가 있었던 것 또한 부인할 수 없는 사실이다. 부처님께서는 출가의 종류를 네 가지로 나누었다. 제1은 도행(道行)이 뛰어난 자, 제2는 법(法)은 잘 설하면서 꼭 그대로 실천하지는 못하는 자, 제3은

65) *Theragāthā*, v.84.
66) 中 권18. 三族姓子經(大正藏 1, p.554c): **M. 68 Nalakapāna Sutta**(大正藏 1, p.463: 南傳 권10, 中部 2, p.278).
67) 大正藏 2, p.127f): 雜 권14(大正藏 2, p.96bc).

수도를 명분 삼아 생활하려고 하는 자, 제4는 도행(道行)이 더러운 자이다.[68]

물론 이것은 불제자만을 대상으로 한 분류가 아니고, 부처님 재세 당시 일반적인 사문 집단에도 적용되는 것이다. 이 중에서 진실한 출가는 다만 첫 번째 부류뿐이다. 네 번째 부류의 출가와 같은 것은 오히려 교단을 더럽힐 정도의 무자격자였던 것은 두 말한 필요가 없을 것이다.[69]

그렇다면 부처님께서는 무엇 때문에 이들 불순한 동기에서 출가한 자를 전혀 배척하지 않았던 것일까. 그것은 한마디로 부처님께서는 큰 스승으로서 출가 후에 그들을 순수한 동기로 전환시킬 자신이 있었기 때문이다. 실제로 불제자 중에는 이러한 과정을 거쳐서 나중에 훌륭한 아라한이 되었던 이도 적지 않았다. 이것은 『장로게(長老偈)』와 『장로니게(長老尼偈)』에 나오는 고백을 보아도 분명히 알 수 있다.

다시 말해서 부처님께서는 사성(四姓)과 남녀 등에 관계없이 이들을 도기(道器)로서 인정함과 동시에, 적어도 그 출발점에 있어서는 순수한 동기를 강조하면서도 또한 불순한 동기일지라도 잠시 허락하여 마침내는 일체를 인도하여 진실

---

68) 長 권3, 遊行經(大正藏 1, p.18b). 팔리문에는 이것이 없다. 俱舍 권15(大正藏 29, p.79c)에서는 이것을 승도(勝道, mārgajina), 시도(示道 또는 인도(引道, mārgadeśika), 명도(命道, mārgajīvin), 행도(行道, mārgadūṣin)의 이름으로 인용하고 있다. 욱아본(旭雅本, p.7b)을 보라. 또한 십송율(十誦律)에는 명상비구(名想比丘), 자칭비구(自稱比丘), 걸비구(乞比丘), 파괴비구(破裏比丘) 등 4종을 열거하고 있다.

69) 木村泰賢 著 · 朴京俊 譯, 『原始佛敎 思想論』, p.297.

한 도(道)에 들게 하였다.

이와 같이 부처님께서는 교계시도(教誡示道)의 묘술(妙術)을 지니고 있었다. 이것이 바로 부처님이 삼계(三界)의 대도사(大導師)이신 까닭이다. 부처님의 열 가지 이름 가운데 조어장부(調御丈夫, purisadammasārathi)라는 존칭이 있다. 이것은 훌륭한 조련사가 거친 야생마를 길들이듯이, 부처님께서는 아무리 거친 사람일지라도 모두 교화시킬 수 있는 능력을 갖추고 있음을 상징하는 것이다.

비록 불순한 의도로 출가한 사람일지라도 부처님께서는 그들을 바른 길로 교화시킬 수 있다는 것이다. 그렇지만 승가의 입장에서 보면, 불순한 동기에서 불교에 귀의한 사람은 부처님을 배신하고 승가를 혼탁케 하는 까닭에 가장 큰 경계의 대상이 되었던 것은 말할 필요도 없다.

『랏타빨라 숫따(Raṭṭhapāla-sutta)』를 비롯하여 『사계제삼족성자경(娑鷄帝三族姓子經)』 같은 설법도 요컨대 불순한 동기를 배격하고 참된 동기로 전환시키기 위한 부처님의 권계(勸誡)를 기록한 것이다.[70]

출가의 목적

그러면 출가의 목적은 무엇인가. 한국의 사원에서 널리 유통되고 있는 『예불대참회문(禮佛大懺悔文)』에 출가의 목적과

---

70) 木村泰賢 著 · 朴京俊 譯, 『原始佛教 思想論』, p.297.

관련된 대목이 나온다. 이 『예불대참회문』은 언제 누구에 의해 현재의 형태로 편찬된 것인지 전혀 알려져 있지 않다.

"제가 이제 발심하는 것은 제 스스로 인간과 천상의 복을 구함이 아니요, 또한 성문이나 연각 및 보살의 지위를 구하기 위함도 아닙니다. 오직 최상승을 의지하여 보리심을 발하기 위함입니다. 원컨대 법계의 모든 중생이 함께 아뇩다라삼먁 삼보리심을 얻어지이다."[71]

위의 내용을 좀더 자세히 분석해 보면, 발심하는 목적이 인간세계와 천상세계의 복을 구함이 아니며, 또한 성문·연각·보살의 삼승(三乘)을 구함도 아님을 천명하고 있다. 진짜 발심의 목적은 삼승이 아닌 최상승(最上乘), 즉 일승(一乘)에 의지하여 깨달음을 이루고야 말겠다는 마음을 일으킨다는 것이다. 그리하여 궁극의 목표인 아뇩다라삼먁삼보리를 얻기 위함이라는 것이다.

그러면 아뇩다라삼먁삼보리란 무엇인가. 아뇩다라삼먁삼보리(阿耨多羅三藐三菩提)는 범어 아눗따라 삼약삼보디(Anuttara-samyak-sambodhi)를 음역한 것이며, 팔리어는 아눗따라 삼마삼보디(anuttara-sammā-sambodhi)이다. 이것을 아뇩삼보리(阿耨三菩

---

71) "我今發心 不爲自求人天福報 聲聞緣覺 乃至權乘諸位菩薩 唯依最上乘 發菩提心 願與法界
　　衆生 一時同得 阿耨多羅三藐三菩提."〔광덕 번역, 『보현행원품』(불광출판사, 1976),
　　pp.107~108.〕

72) 『望月佛敎大辭典』 1권, p.48上.

提), 아뇩보리(阿耨菩提)로 생략하여 부르기도 하는데, 무상정변지(無上正遍知), 무답정변지(無答正遍知), 무상정등정각(無上正等正覺) 혹은 무상정등각(無上正等覺)이라고 번역한다.[72]

이것을 우리말로 옮기면, '위없는 바른 깨달음' 이라는 뜻이다. 따라서 『예불대참회문』에 따르면 출가의 목적은 결국 불교의 궁극적 목표인 '위없는 바른 깨달음' 을 이루기 위함이라는 것이다.

출가의 공덕

초기경전인 『사만냐팔라-숫따(Samaññaphala Sutta, 沙門果經)』[73]에는 출가의 과보 혹은 공덕에 대하여 설하고 있다. 이 경은 제목 그대로 '출가 생활의 결과' 이다. 부처님께서 아자따삿투(Ajātasatthu, 阿闍世王)에게 세상을 버리고 출가하여 불교 승단에 합류하면 어떤 이익을 얻게 되는가에 대해 설명한 것이다. 마가다(Magadha) 국의 아자따삿투 왕이 여러 수행원 및 대신들과 함께 부처님을 친견하고 법문을 듣기로 하였다. 왕은 부처님을 친견하고 다음과 같이 질문했다.

"부처님이시여, 우리는 많은 사람들이 자신의 입장에서 서로 다른 여러 가지 직업을 가지고 일을 하여 그 결과로써 생

---

73) D. Ⅰ. pp.47~86; 南傳 6, pp.73~130. 이 경과 대응하는 한역은 長阿含經 27 『沙門果經』(大正藏 1, pp.107~109); 『寂志果經』(大正藏 1, pp.270~276); 增壹阿含經(이하 '增'이라 약칭함) 43. 7 無根信 (大正藏 2, pp.762~764) 등이다.

계를 유지하고 복이 되는 일들을 하는 것을 눈앞에서 봅니다. 부처님이시여, 당신의 제자들도 출가생활을 통해서 지금 이 자리에서 눈앞에 보이는 결과를 볼 수 있습니까?'

부처님께서 물으셨다.

"왕이여, 그대는 다른 종교 지도자들에게도 그러한 질문을 해보았던가?'

왕은 말하였다.

"예 부처님시여, 저는 뿌라나 깟싸빠, 막칼리 고살라 및 다른 이들에게도 그러한 질문을 했습니다. 그러나 그들 중 어떤 누구도 저에게 만족스러운 답변을 주지 못했습니다."

부처님께서는 한 가지 질문을 하면서 설명을 시작하셨다.

"왕이여, 당신의 한 시종이 출가하여 나의 제자가 되었다고 합시다. 당신은 다시금 그에게 되돌아와서 옛날처럼 당신을 시중들라고 지시하겠습니까?'

왕이 말하였다.

"아닙니다. 부처님이시여, 저는 오히려 그를 존경할 것이며, 그의 안정과 편의를 위해 필요한 것을 준비해 줄 것입니다."

부처님께서는 지적하셨다.

"이것이 나의 제자가 된 첫 번째 결과입니다. 그러나 그것은 외면적인 결과일 뿐이요, 나의 제자는 성스러운 생활을 통해 성스러운 결과를 현재에 얻습니다."

부처님께서는 제자들의 성스러운 수행을 통한 현실의 결과에 대해 자세히 설명하였다. 이른바 출가 후의 수행경로를 설하였다. 즉 계율의 완성, 감관의 보호, 기억과 앎을 갖춤[正念正知], 다섯 덮개[五蓋]를 버림, 네 가지 선정[四禪], 갈라 봄[vipassanā]에 의한 앎[觀智], 뜻으로 이루는 신통스런 앎[意成智], 그 외의 여러 가지 신통스런 앎[神通智], 하늘 귀에 대한 앎[天耳智], 타인의 마음을 파악하는 앎[他心智], 하늘 눈에 대한 앎[天眼智], 중생들의 죽고 태어남에 대한 앎[宿命智], 괴로움과 역류함의 진실을 알아 해탈하는 앎[漏盡智] 등이 그것이다. 이것이 바로 출가자가 현재에 얻게 되는 과보인 것이다. 이 경전 외에도 부처님께서는 여러 곳에서 출가의 즐거움(pabbajjā-sukha, 出家樂)에 대해 언급하였다.

한편『출가공덕경(出家功德經)』[74] 에서는 하루 낮 하루 밤 동안의 출가공덕이 얼마나 수승한 것인가를 잘 설명해 주고 있다. 경전의 줄거리는 대략 다음과 같다.

비사리성(毘舍離城)에 비라선나(鞞羅羨那)라는 왕자가 있었다. 그는 색욕(色欲)에 빠져 여러 음녀(淫女)들과 쾌락을 즐기고 있었다. 이때 부처님께서는 일체지(一切智)로써 그러한 사실을 알고 아난에게 말씀하셨다. 오욕(五欲)을 탐하여 즐기는 자의 목숨은 끝날 날이 멀지 않았다. 이 사람은 7일 후에 많은 권속들과의 쾌락을 버리고 반드시 죽게 될 것이다. 만약 이 사람이 당장 쾌락을 버리고 출가하지 않는다면 죽은 뒤 지

---

74)『佛說出家功德經』(No.707), 失譯[大正藏 16, pp.813下~815上.]

옥에 떨어질 것이다.

　이러한 부처님의 말씀을 듣고 아난은 그 왕자를 위해 직접 그곳으로 찾아가서 이 사실을 알렸다. 그 때 왕자는 아난의 말을 듣고 큰 근심과 공포로 우울해졌다. 그리하여 그는 출가하되 6일 동안 더 즐기고 7일째 되는 날 권속들을 버리고 출가하기로 하였다. 그 왕자는 7일째 되는 날 죽는 것을 두려워했기 때문에 부처님께 출가하겠다고 간절히 청했다. 부처님은 그것을 받아들였으며, 비라선나 비구는 하루 낮 하루 밤 동안 깨끗한 계율을 지키고 수행한 뒤 곧바로 죽었다. 존자 아난과 그 권속들은 부처님을 찾아뵙고, 방금 숨진 비라선나 비구는 어느 곳에 태어났는지 여쭈었다.

　부처님께서는 그가 사천왕천(四天王天)에 태어나 온갖 복락을 누릴 것이라고 말씀하셨다. 그리고 그 비라선나 비구가 하루 낮 하루 밤 동안 출가한 인연으로 20겁(劫)이 다하도록 지옥·아귀·축생의 과보를 받지 않을 것이며, 반드시 천인(天人)으로 태어나 복을 받을 것이다. 마지막으로 인간의 몸을 받았을 때에는 부호의 집에 태어나 재물과 진귀한 보물이 가득할 것이다. 장년(壯年)이 지나고 완숙해졌을 때, 생로병사의 괴로움을 두려워하기 때문에 세상을 싫어하여 출가할 것이며, 머리와 수염을 깎고 몸에 법복을 두르고 부지런히 정진하여 네 가지의 위의(威儀)를 지니고, 언제나 정념(正念)을 행하여, 오음(五陰)·고(苦)·공(空)·무아(無我)를 관함으로써 법인연(法因緣)을 알아서 벽지불(辟支佛)을 이룰 것이다.

그리고 만일 어떤 사람이 다른 사람의 출가 인연을 파괴하는 것은 한량없는 선(善)과 복(福)을 빼앗는 것이 되며, 37조 보리법(助菩提法)과 열반의 인연을 파괴하는 것이 되기 때문에 지옥에 떨어질 뿐만 아니라 항상 눈 없는 과보를 받으며 열반을 보지 못할 것이라고 하셨다.

또한 부처님께서는 어떤 사람이 마음을 다하여 수많은 아라한들에게 음식·의복·의약·방사·와구 등을 공양하고, 그 아라한들이 열반한 뒤 탑을 세우고 진귀한 보물과 꽃과 향, 영락(瓔珞) 등으로 공양하는 공덕은, 어떤 사람이 출가하여 계를 받고 하루 낮 하루 밤 동안 지은 공덕에 비하면 16분의 1에도 미치지 못한다고 하셨다.

이 경전에서는 단 하루 낮 하루 밤 동안 계율을 지키고 수행하는 것이 수많은 아라한들을 공양하고 탑을 세우는 것보다 그 공덕이 뛰어나다는 것을 강조하고 있다. 그 이유는 이 경전에 언급되어 있지 않지만, 물질적 보시의 공덕은 유루복(有漏福)에 해당되고, 수행의 공덕은 무루복(無漏福)에 해당되기 때문일 것이다.

이상에서 살펴본 바와 같이 바르게 출가하여 수행하는 공덕은 한량없다. 누구나 처음 출가할 때는 순수한 마음, 즉 구도심(求道心)에 의해 출가하지만, 출가하여 생활하다 보면 그 본래의 마음이 점차 퇴색되어 나중에는 완전히 출가의 목적을 잃어버리고 세속적 삶과 별로 차이가 없는 경우가 허다하다. 어떤 출가자는 재가자보다도 못한 삶을 살고 있는 경우도 있다. 이런 사람일수록 머리 깎고 먹물 옷을 입었다는 이유 하나로 신도 위에 군림하고자 한다.

모름지기 출가자는 언제나 자신이 현재 하고 있는 일이 출가의 목적에 부합하는 것인가를 되돌아보아야만 한다. 그리하여 출가의 본래 목적에서 벗어난 것이라면 과감히 벗어버리고 다시 출가해야 한다. 이 말은 몸의 출가에서 다시 마음의 출가로 나아가야 한다는 의미이다. 출가는 단 한 번만으로 그 목적이 이루어진다고 보지 않는다. 끊임없는 출가가 반복될 때 비로소 수행자의 삶에서 벗어나지 않게 될 것이다.

기타(其他)의 공덕

    이상에서 다룬 항목 외에도 걸식(乞食)·조상(造像)·조탑(造塔)·욕상(浴像)·욕불(浴佛)·우요불탑(右遶佛塔)·시등(施燈)의 공덕 등이 있으나 여기서는 다루지 않았다. 왜냐하면 이러한 항목들은 별도의 독립 경전들이 있기 때문이다. 다만 여기서는 독자들의 편의를 위해 이러한 공덕에 관해 언급한 문헌의 출처를 밝혀 둔다.

    걸식(乞食)의 공덕에 대해서는 『월등삼매경』과 『대승본생심지관경』의 일부에서 다루고 있다.

    한편 조상(造像)의 공덕에 대해서는 당(唐)의 제운반야(提雲般若)가 번역한 『불설대승조상공덕경(佛說大乘造像功德經)』75)에 자세히 설해져 있다.

    조탑(造塔)의 공덕에 대해서는 당의 지파하라(地婆訶羅)가 번역한 『불설조탑공덕경(佛說造塔功德經)』76)에서 별도로 다루고

---

75) 大正藏 16권, pp.790上~793中.
76) 大正藏 16권, p.801上~中.

있다.

욕상(浴像)의 공덕은 당의 실사유(實思惟)가 번역한『불설욕
상공덕경(佛說浴像功德經)』[77]에서, 욕불(浴佛)의 공덕은 당의 의
정(義淨)이 번역한『욕불공덕경(浴佛功德經)』[78]에서 별도로 취
급하고 있다.

또한 우요불탑(右遶佛塔)의 공덕에 대해서는 당의 실차난타
(實叉難陀)가 번역한『우요불탑공덕경(右遶佛塔功德經)』[79]에서
다루고 있으며, 시등(施燈)의 공덕은 고제(高齊)의 나연제야(那
連提耶)가 번역한『불설시등공덕경(佛說施燈功德經)』[80]에 자세
히 설해져 있다.

---

77) 大正藏 16권, pp.798下~799中.
78) 大正藏 16권, pp.799下~800下.
79) 大正藏 16권, pp.801中~802中.
80) 大正藏 16권, pp.803下~808中.

불교신행공덕

초판 발행 2004년 3월 18일
초판 3쇄 2006년 8월 24일

지은이   마성(摩聖) 스님
발행인   박인출(慧覃至常)
편집인   박상근(至弘)

펴낸곳 불광출판부
서울시 송파구 석촌동 160-1

등록번호 제1-183호(1979. 10. 10.)

대표전화 420-3200
편 집 부 420-3300
전   송 420-3400

ISBN 89-7479-860-3
www.bulkwang.org
E-mail:webmaster@bulkwang.org

값 5,000원